Paul Biegl

SO EROBERST DU DIE FRAUEN

Paul Biegl

SO EROBERST DU DIE FRAUEN

Die hohe Kunst des Verführens einfach erklärt

riva

Bibliografische Information der Deutschen Nationalbibliothek
Die Deutsche Nationalbibliothek verzeichnet diese Publikation in der Deutschen Nationalbibliografie. Detaillierte bibliografische Daten sind im Internet über http://dnb.d-nb.de abrufbar.

Für Fragen und Anregungen:
info@rivaverlag.de

Originalausgabe
1. Auflage 2019

Nymphenburger Straße 86
D-80636 München
Tel.: 089 651285-0
Fax: 089 652096

Umschlaggestaltung: Marc-Torben Fischer, München
Umschlagabbildung: shutterstock/Anna_An
Abbildungen Innenteil: shutterstock.com/Michal Sanca
Layout: Isabella Dorsch, München
Satz: Daniel Förster, Belgern
Druck: CPI books GmbH, Leck
Printed in Germany

ISBN Print 978-3-7423-0835-1
ISBN E-Book (PDF) 978-3-7453-0473-2
ISBN E-Book (EPUB, Mobi) 978-3-7453-0474-9

Weitere Informationen zum Verlag finden Sie unter:

www.rivaverlag.de

Beachten Sie auch unsere weiteren Verlage unter www.m-vg.de.

INHALT

EINFÜHRUNG

Wie kommt man bei Frauen gut an?

Ganz einfach: **Bleib cool, stell Fragen und sei ein bisschen ein Arschloch!**

So lautet Seth Rogens Antwort im Film *Jungfrau, 40, männlich, sucht*. Es ist diese eine Frage, die uns Männer antreibt: Wie kommt man bei Frauen gut an? Und was wollen sie? Wie kann ich sie von mir überzeugen?

Letztlich braucht es noch ein bisschen mehr, um eine Frau zu erobern, aber fürs Erste ist Seth Rogens Ratschlag gar nicht so schlecht. Gehen wir den Satz Punkt für Punkt durch. Erstens: Cool bleiben! Das ist tatsächlich sehr wichtig. Bleib gelassen, wenn du mit Frauen sprichst. Nichts kann dir passieren, alles ist gut, bleib smooth, bleib gechillt ... alles eeeasy.

Frauen wollen einen Mann, der Ruhe, Souveränität und Coolness ausstrahlt, keinen notgeilen Bock oder nervösen Selbstzweifler. Du kannst an einen jamaikanischen Rastafari denken, der lässig und breit grinsend zu Reggae-Sounds abgeht – der lässt sich auch durch nichts erschüttern. Für ihn zählt nur: Sunshine, sunshine, reggae! (Und vielleicht ein bisschen Weed.) Das Leben ist viel zu geil, um sich davon stressen zu lassen. Bleib geerdet und ruhig, dann sind es die Frauen auch ...

Okay, was noch? Ja, stell Fragen! Stell Fragen, Mann! Sei neugierig, oder tu wenigstens so. Jeder Mensch redet am liebsten über sich selbst. Stell Fragen, dann kannst du wenig falsch machen, sei interessiert an anderen Menschen, Geschichten und Meinungen. Du redest nicht so gern? Kein Problem, dann hör zu. Die meisten Frauen reden sehr gern und sehr viel.

Der letzte Punkt: Sei ein bisschen ein Arschloch! Das ist folgendermaßen zu interpretieren: Du weißt, wie du von einer Frau behandelt werden willst, du kennst deine persönlichen Grenzen. Du zeigst Ecken und Kanten und gibst nicht den Schleimer oder ständigen Jasager!

Das war ein erster Mini-Crashkurs.

Und direkt im Anschluss mein erster goldener Tipp für dich: Frauen lachen gern, Frauen werden gern unterhalten. Frauen stehen auf Typen, die über sich selbst lachen können. Nimm das Leben nicht zu ernst. Wir haben nur eines – lass uns dieses Leben genießen! Der wichtigste Faktor, um gut flirten zu können ist, dass dir das Flirten auch Spaß macht. Entwickle Spaß daran, indem du es als Spiel betrachtest. Das Leben ist kein Kampf, es ist ein Spiel! DAS Spiel – The Game!

Jetzt allerdings zupfen wir unsere Krawatte zurecht, räuspern uns bedächtig und setzen eine ernste Miene auf. Es handelt sich hier um ein seriöses Buch, einen Ratgeber, ein Sachbuch, also starten wir sachlich und professionell: Was unterscheidet die vorliegenden Seiten von anderen Flirtratgebern?

Es geht mir darum, alles, was über die Jahre an Erfahrungen zum Thema »Eroberung der Frau« zusammengekommen ist, in einen Ratgeber zu packen. Dieses Buch bietet eine Zusammenfassung der wichtigsten Erkenntnisse und Highlights aus Literatur, TV und Web rund um die eine Frage, die nahezu jeden Mann irgendwann einmal beschäftigt: Was wollen die Frauen? Und: Wie habe ich mehr Erfolg bei Frauen?

Sowohl die emotionale Befindlichkeit des Mannes in der heutigen Gesellschaft als auch kommunikationswissenschaftliche Erkenntnisse, historische Befunde und aktuelle Tipps rund um Tinder & Co habe ich berücksichtigt. Ich erfinde mit diesem Buch nicht das Rad neu, aber ich vermittle das vorhandene Wissen komprimiert, gesammelt und unterhaltsam. Wer dieses Buch liest und die darin enthaltenen Tipps beherzigt, weiß genug, um ein attraktiver Mann zu werden. Das Wissen aus diesem Buch kann dein Leben verändern, wenn du es willst.

Ich arbeite als Journalist, und als solcher muss man vor allem gut beobachten können. Ich habe mich ausführlich mit der Materie rund ums »Aufreißen« beschäftigt, um einen möglichst kompletten Ratgeber zu verfassen. Der Anspruch auf Vollständigkeit ist ein hoher, aber ich habe mich redlich bemüht, tatsächlich alles zwischen diese Buchdeckel zu packen, was für die Eroberung einer Frau relevant ist.

Bereits im Studium habe ich meinen Schwerpunkt auf Kommunikation, Rhetorik, Sozialpsychologie und Persuasion (= Überzeugung von Menschen) gelegt. Schließlich stieß ich auf die Pick-up-Community. Ja, es gibt eine eigene Szene mit Leuten, die sich ausführlich damit beschäftigen, wie man eine Frau erobert (*to pick somebody up* – engl. für: eine Frau aufreißen). Am meisten Stoff für das Buch sammelte ich aber durch meine eigene praktische Erfahrung. Dazu habe ich mit Frauen sowie Männern über ihre Ansichten diskutiert und Hunderte Meinungen notiert und festgehalten.

Mein Buchprojekt war sowieso ein tolles Gesprächsthema beim Flirten. Ich fragte die Frauen geradeheraus: Was wollt ihr? Was wollt ihr nicht? Was machen Männer eurer Meinung nach denn falsch, was richtig?

Der Reiz, Grenzen auszutesten und zu sehen, wie man Menschen, speziell Frauen, auf seine Seite ziehen kann, war schon immer sehr groß. Ich habe schon immer viel ausprobiert, ausgiebig herumexperimentiert und bin manchmal gescheitert, manchmal war ich erfolgreich. Ich war vor allem neugierig und begann bereits vor 15 Jahren, erste Erkenntnisse aufzuschreiben. Am Ende stehen ganz viele Erlebnisse, bizarre Begebenheiten, etliche Geschichten und reichlich Erfahrung als Verführer, Journalist und Mann in der heutigen Gesellschaft.

Die Mädels fanden mich im zarten Teenageralter recht bald »süß«. Bei der Frage »Willst du mit mir gehen?«, gleich am ersten Schultag im Gymnasium, wurden mir die gewohnten Alternativen wie »Ja, nein, vielleicht« gar nicht erst angeboten. Mit unschuldigen 11 Jahren und einer mit Schokolade gefüllten Schultüte in der Hand hätte ich mit so einer Frage ohnehin wenig anzufangen gewusst. Bevor ich mich versah, »ging« ich schon mit meiner Sitznachbarin. Wir schrieben uns herzige Briefchen, das war es aber auch. Ich glaube, wir haben kein Wort miteinander geredet.

Einige Jahre später fand ich mich schon supercool und hielt mich für den großen Checker bei den Girls. Mein aufgesetztes Boyband-Lächeln wurde mir allerdings schnell aus dem Gesicht gewischt, als ich mitten in der Pubertät für ein unendlich erscheinendes Jahr eine Zahnspange verpasst bekam. Und ich spreche hier nicht von diesen hübschen, durchsichtigen Keramikdingern, sondern von einem unangenehmen Metallgestell. Eine Klammer des Horrors, die mir bei jeder Gesichtsregung ins Zahnfleisch schnitt. Ich habe, solange ich die Spange getragen habe, nur das Allernötigste gesprochen, mir in meinem Zimmer lieber Italo-Techno von Gigi d'Agostino reingezogen, von *l'amour toujours* geträumt und versucht, irgendwie diese mühsame Schulzeit hinter mich zu bringen.

In Wahrheit gab es natürlich weitaus Wichtigeres als die Mathematikhausaufgabe: Mädchen!! Ein Blick und ein Lächeln reichten aus, um selbst den letzten Funken klaren Verstands in meinem Teeniegehirn auszumerzen. Mit 16 traf ich meine erste große Liebe, und mit ihr kamen der erste Liebeskummer, mehrstündige Endlostelefonate, reichlich Drama und kitschige Teddybärgeschenke.

Bald wollte ich mehr: Mehr Frauen, mehr Erfahrungen. Ein paar gut platzierte Komplimente, ein kleiner Witz hier, ein paar Lügen da, und ich lachte mir ins Fäustchen, wie einfach es mir gemacht wurde. »Aufreißer« ist ja für viele Frauen ein böses Wort, das man nicht laut ausspricht. Also sagen wir vielleicht: Ich war ein Schlitzohr. Über Jahre hinweg hab ich es richtig krachen lassen, bin vier, fünf Mal die Woche ausgegangen: Partys, Frauen, Alkohol – der ausschweifende Traum von gelebtem Hedonismus, in dem Freude und Genuss über allem stehen.

Es wurde immer extremer, und den Höhepunkt meiner Verführungskünste und Selbstüberschätzung erreichte ich 2013 in der Türkei. Als Moderator einer Maturareise hab ich es sogar geschafft, nach Hause geschickt zu werden, weil ich in flagranti mit der Beauty-Queen im Schrank erwischt wurde. Es gibt ein paar Videos auf YouTube, die mich in Antalya beim Interviewen zeigen und beweisen, wie schwer es für mich war, Berufliches und Privates auseinanderzuhalten.[1]

Lief es einmal nicht so, wie ich wollte, suchte ich schnell an anderer Stelle Bestätigung, und das Spiel begann von Neuem. Dieses Verhalten hatte irgendwann Konsequenzen. *Karma is a bitch!* Ich habe bekommen, was ich verdiente. Zu was von Rache und Eifersucht getriebene Frauen fähig sind, wow! Handys wurden durchgeschaut, es wurde mir nachspioniert und sogar mein E-Mail-Account wurde gehackt ... Meine mühsam aufgebauten Lügenkonstrukte krachten in sich zusammen ...

Es hat lange Zeit gedauert, bis ich reflektierter wurde. Man wird wohl mit dem Alter irgendwann gescheiter und ehrlicher. Man erkennt allgemeine Weisheiten an: Was du nicht willst, das man dir tut, das füg auch keinem anderen zu! Aber auch: Das s im »das«, es bleibt allein, passt dieses, jenes, welches rein.

Scherz beiseite! Ganz ernsthaft: Bestätigung findest du nicht in anderen Menschen. Deinen Wert bestimmst du selbst. Wirklich kapieren tun's manche eben erst dann, wenn man die richtige Erfahrung gemacht und fett auf die Schnauze gefallen ist.

Jeder Mann hat unterschiedliche Probleme. Einige Männer sind beziehungsunfähige Narzissten. Andere Männer haben ein großes Problem damit, überhaupt mit Frauen zu sprechen. Manchen gelingt es nicht, ein Gespräch aufrechtzuerhalten, manche versäumen den entscheidenden Schritt. Die Frau gibt dir klare Signale, aber du küsst sie nicht. Sie dreht sich seufzend weg und die Magie des Moments ist dahin! Wieder andere denken zu viel. Und dann gibt es die, die gar nicht denken, was auch nicht der Weisheit letzter Schluss ist. Grölende, besoffene Partytiger in verschwitzten T-Shirts sind nicht attraktiv! Es kann lustig sein, mal so einen Abend zu verbringen (Ich bin jederzeit dabei!), aber es muss einem klar sein: Unter angenehmer Abendgestaltung stellen sich die meisten Frauen etwas anderes vor.

Wer merkt, dass er sich schwertut im Umgang mit Frauen, sucht meist im Internet nach erster Hilfe. Es gibt Foren, es gibt Blogs und es gibt YouTube-Videos, in denen einem erzählt wird, wie man bei Frauen landet. Viele Männer greifen zu einschlägiger Literatur aus der Pick-up-Szene. Leute, die die Pick-up-Techniken gekonnt einsetzen, sind die sogenannten Pick-up-Artists (PUAs). Es gibt heutzutage zig Typen, die Seminare, Kurse und sogenannte *bootcamps* anbieten. Ich selbst habe Seminare dieser Art besucht, war lange in Foren unterwegs und zumindest beobachtender Teil dieser Szene. Als jemand, der sehr tief in das Thema eingetaucht ist, sehe ich die Pick-up-Community durchaus zwiespältig. Vor allem manche Amateurtipps in den Foren sind geradezu hinderlich. Viele Aufreißerstorys zeichnen eine traurige Welt, in der Frauen hinters Licht geführt werden müssen und Männer sich zwangsläufig verstellen. Und das alles in einer Zeit, in der Oberflächlichkeiten ohnehin über alles gestellt werden. Ein Foto auf Facebook und ein perfektes Selfie sind heutzutage wichtiger als eine schöne Erinnerung. Mit dem Smartphone ist die nächste Bekanntschaft sofort verfügbar, Sex-Dates sind schnell zu haben. Die nächste Frau ist nur einen Wisch auf Tinder entfernt …

Wer jedoch nur in sein Handy schaut, um dem nächsten virtuellen Flirt nachzujagen, der verpasst alles, was im echten Leben passiert. Wenn du glaubst, dass du nur online dein Glück findest, weil das echte Leben zu kompliziert ist, dann ist genau das eine der Einstellungen, die du gleich überdenken solltest. Pack sie am besten in einen Rucksack, den du bei Bedarf abstellen kannst.

Jeder von uns trägt seinen eigenen Rucksack mit sich, seinen Aufreißerballast. Wo hakt's bei dir? Meine zusammenfassende Niederschrift aller Pick-up-Erfahrungen und Tipps der größten Aufreißgurus aller

Zeiten sowie der Anregungen aus der Kommunikationswissenschaft sollen dir helfen, deinen Ballast loszuwerden und deine Persönlichkeit als Mann zu entwickeln.

Jemand, der gut flirtet, ist schlicht und einfach jemand, der sich im Gespräch mit einer attraktiven Frau zu 100 Prozent wohlfühlt. Das macht einen guten Aufreißer aus. Und da willst du hin!

Dieses Buch will dir einen Rat geben: Erobere Frauen mit deiner Energie und deinem Charme! Hör nicht auf dein Ego, das dich ständig nur beschützen will und dadurch hemmt. Genieß den One-Night-Stand, die Affäre, das »Gspusi«, die Beziehung oder das Eheleben. Lebe monogam, polygam, dreh Pornos oder schreib Liebesbriefe ... Es ist vollkommen egal, was du tust, aber steh dazu, sei ehrlich zu dir und deinen Mitmenschen, dann bist du auf dem richtigen Weg.

Das eigene Flirtverhalten zu verbessern und die Erfolgschancen zu erhöhen – das ist das bewusst vorsichtig formulierte absolute Mindestziel dieses Buchs. Nach der Lektüre sollte es mit den Frauen einfach mal besser laufen! Im Prinzip geht es darum, im Angesicht deiner persönlichen Traumfrau zu dir selbst zu stehen und nicht dieses fast panische Gefühl im Bauch zu bekommen, dass du ihr unbedingt gefallen musst. Anstatt ein bisschen was zu riskieren und die Frau vielleicht sogar für dich zu gewinnen, achtest du in deiner Nervosität nur darauf, es nicht zu versauen. Du willst aber – auch wenn dir die Frau wahnsinnig gut gefällt – cool bleiben, authentisch bleiben und dich in deiner Haut wohl fühlen. Basta! Mehr ist es ja eigentlich gar nicht! Zum Frauenschwarm kann man niemanden ausbilden, aber es gibt viele Tipps, die einem beim Flirten helfen und eine neue Sichtweise ermöglichen.

Das Wichtigste ist gar nicht so sehr das erste Kennenlernen. Die sogenannte *approaching anxiety* (= Angst, Frauen anzusprechen) ist für jeden von uns überwindbar, dazu kommen wir später noch ausführlich. Das Ansprechen ist die letzte verbleibende Challenge des Mannes. »Wie der Gang zum Henker«, hat den Moment mal ein Typ beschrieben. Das Urteil erfolgt schnell, direkt und gnadenlos. Es ist Samstagnacht, eine gut gefüllte Disco, du stehst minutenlang da und beobachtest sie, deine Traumfrau, irgendwann überwindest du dich doch, nimmst deinen ganzen Mut zusammen, setzt dich ruckartig in Bewegung, stolperst beinahe und gehst auf sie zu ... Plötzlich vergisst du aber, was du überhaupt sagen wolltest, denn aus der Nähe ist sie noch bezaubernder, du stehst vor ihr und bringst mit letzter Kraft ein leises »Hallo« heraus.

Das Ansprechen ist das letzte echte Abenteuer in der modernen Welt. Hier werden Helden geboren!

Noch entscheidender für deine Entwicklung und deinen Erfolg bei den Frauen ist dann das erste längere Treffen. Das erste Date dauert in der Regel lange genug, um herauszufinden, ob man zueinander passt. Und es bleibt genug Zeit, um Attraktivität auszustrahlen. Beim ersten Date wird es so richtig spannend – du sitzt mit deiner Dulcinea bei Kerzenschein beim Italiener und es kommt nun wirklich drauf an. Über was sollen wir reden? Soll ich sie küssen? Mag sie mich überhaupt?

Keine Angst, zum perfekten Date kommen wir später ebenfalls noch. Um glänzen zu können, musst du dazu stehen, wer du bist. Deshalb geht es in diesem Zusammenhang auch um die Persönlichkeitsentwicklung und den ersten Schritt hin zu einem gestärkten Selbstvertrauen. Glaubt an euch Männer! Hirn, Herz und Mut – das brauchen wir, um unsere Ziele zu erreichen!

Tatsächlich geht es mit deiner Entscheidung los, die Herausforderung anzunehmen. Du hast die Wahl, entweder weiter frustriert zu sein und die Schuld bei anderen zu suchen, oder du kommst an Bord und erkennst, dass es um ein simples Prinzip geht. Es ist ein Grundsatz, der hinter JEDEM Flirt, hinter JEDEM Anlächeln, JEDEM Augenzwinkern, ja hinter JEDER Wahrnehmung einer schönen Frau steht. Es ist das erste Prinzip, es wird dein Motto sein, der erste Grundsatz, den du in abgewandelter Form auch in jedem Pick-up-Forum nachlesen kannst. Ein Glaubenssatz, der dir überhaupt ermöglicht, eine wildfremde Frau anzusprechen, ohne das Gefühl zu bekommen, du machst dich womöglich zum Hampelmann. Achtung, Trommelwirbel!

Präg dir diesen grundsätzlichen Gedanken ein:

Du bist ein Mann! Zögere nicht, sondern sei mutig! Du darfst männlich sein! Du hast eine starke Persönlichkeit! Dir kann nichts passieren!

Es gibt keine Zurückweisung!

Warum gibt es keine Zurückweisung? Wenn du eine starke und gefestigte Persönlichkeit hast, dann bist du selbst der Einzige, der dich zurück- und zurechtweisen kann. Es kann für eine stabile Persönlichkeit keine Zurückweisung geben, da sie viel zu stark in der Realität verwurzelt ist. Du bist mit deinen Werten und deinen Prinzipien in dieser Welt verankert. So einfach haut dich nichts um! Die Meinung eines anderen Menschen ist nichts weiter als eine Meinung – und davon gibt es Milliarden! Es gibt so viele Meinungen, wie es Menschen auf der Erde gibt. Nur weil dich ein Mensch abweist oder dir die kalte Schulter zeigt, heißt das nicht, dass du nichts wert bist. Deinen eigenen Wert bestimmst immer noch du selbst.

Niemand von uns wird jeder Frau gefallen. Auf dieser Welt gibt es immer jemanden, der attraktiver, stärker, klüger ist … oder einfach besser zu dieser einen Frau passt. Du sprichst die hübsche Monika an und bekommst einen Korb. Ein klares, höfliches »Danke, kein Interesse« ist anstandslos zu akzeptieren. Es geht nicht darum, Frauen irgendwie zu nerven – du willst sie vielmehr von deinen Stärken überzeugen. Und natürlich entwickelst du mit der Zeit ein Gespür dafür, ob eine Frau dir gegenüber zumindest ein bisschen interessiert ist. Ist sie es nicht, dann zieh weiter!

Flashback! Du siehst sie vor dir, die atemberaubende Schönheit an der Bar. Blonde, lange Haare, blaue Augen, eine Hammerfigur, und ihr Blick, lasziv und sexy, schweift kühl und desinteressiert über die Menge. Sie wirkt genauso unnahbar wie schön. Im Hintergrund hörst du beinahe schon das Rauschen des Meeres, plötzlich trägt sie in deiner Fantasie sogar einen roten Badeanzug und hält eine Rettungsboje an ihre Hüfte. Und du denkst nur noch: *I'll be reeeady, I'll be ready!* … Die über den Strand laufenden Badenixen aus *Baywatch* – allen voran Pamela Anderson – haben eine ganze Männergeneration verzaubert. Würden wir eine so attraktive Frau ansprechen, wenn wir sie in einer Bar sehen? Nein, niemals! Aber warum eigentlich nicht?

Was soll denn passieren? Was wir von jeder Frau, von jedem Menschen verlangen können, ist Respekt und Höflichkeit. Ein herabwürdigender Blick oder ein abwertender Kommentar sind wirklich unangenehm. Und das ist es doch, was wir insgeheim fürchten. Davor darfst du keine Angst haben. Dein Glaubenssatz muss sein: Ich bestimme meine Wertigkeit selbst und lasse mich von unhöflichen und unglücklichen Menschen nicht im Geringsten beeinflussen!

Manche Ängste haben tatsächlich sehr viel mit unserer mitteleuropäischen Aufreißkultur zu tun. Bei uns ist es gang und gäbe, dass ein Typ von seinen Freunden verarscht wird, wenn er eine Frau anspricht und einen Korb bekommt. In Amerika oder auch Italien ist das – so wie ich es erlebt habe – anders. In den USA wird man ständig angequatscht, da ist überhaupt nichts dabei. Die unterhalten sich einfach gern, und im Small Talk kann man, ganz easy, nebenbei nach der Nummer fragen. Selbst wenn die Frau kein Interesse hat, ist sie meistens im lockeren Flirt so geübt, dass ihre Abfuhr humorvoll ausfällt und einem nicht peinlich sein muss. Ich möchte auf keinen Fall in eine Lobeshymne auf Amerika verfallen, aber gerade was Small Talk und Flirten betrifft, sind sie ein Vorbild für uns Männer im Umgang mit Frauen. Mister »Grab 'em by the pussy« Trump ist es allerdings nicht.

Was mich beeindruckt ist, wie sich bereits junge Burschen dort untereinander pushen. Da wird ein Freund für seinen Mut gefeiert, ich habe dort eine tolle Kameradschaft erlebt. Alle Männer stehen im Pub herum, alle schauen und glotzen, alle sehen die eine attraktive Dame, und einer spricht sie an. Das zeugt von Mut und verdient massiven Respekt! Und wenn es nicht geklappt hat, was soll's!? Er hat sich zumindest überwunden! Den Freund, der gerade abserviert worden ist, den motivier ich. Denn: Geht es den anderen Männern anders? Haben die vielleicht alle zig Frauen an der Hand? Wenn sie wirklich die großen Anmachgurus sind, dann bestärken sie ihre Freunde, geben ihr Wissen weiter und haben es nicht nötig, einen anderen wegen einer Abfuhr auszulachen, oder?

Und die hübsche Blondine in der Bar wünscht sich wahrscheinlich nichts mehr als einen Mann, der normal, ruhig und höflich mit ihr redet, der sie mit seinem Humor und Charme verzaubert und angesichts ihrer schönen Hülle nicht zur Salzsäule erstarrt. Das *mindset* eines erfolgreichen Verführers definiert sich darüber, dass er selbst daran glaubt, ein Hauptgewinn für die Frau zu sein. Wirklich attraktive Frauen werden kaum angesprochen, weil kein Mann den Mumm dazu hat. Die meisten denken, dass sie ohnehin in einer anderen Liga spielen. Wir spielen aber alle in der gleichen Liga. Wir sind alle Menschen mit Bedürfnissen. Die Frauen genauso wie wir.

Man sollte in der Realität verankert sein und ihr mutig entgegentreten. Träumer und Romantiker haben es oft schwer, die Welt ist knallhart. Solltest du, als einer von nicht wenigen Männern, der kitschigen Märchenwelt der Disney-Filme verfallen sein, gib acht! Die ganzen Hollywood-Liebesfilme und Romantik-Komödien mit Julia Roberts, Hugh Grant, Richard Gere und Konsorten sind mehr als nur trügerisch – mit ihren füreinander bestimmten Liebespärchen, die durch das Schicksal beflügelt zueinanderfinden. Du wirst deiner Traumfrau eher nicht am Flughafen nachlaufen, sie gerade noch erwischen, bevor sie in den Flieger steigt und ihr deine ewige Liebe schwören. Genauso wie die meisten Liebessongs sind Filme und Serien kaum ein Abbild der Realität. Es gibt kein Happy End, außer du sorgst dafür. Du bist nicht Aladdin, und deine Angebetete ist nicht Prinzessin Jasmin, die nur auf dich wartet, um mit dir zusammen den fliegenden Teppich zu besteigen.

Du selbst musst aktiv werden und etwas tun, um etwas zu erreichen! Wer zu Hause bleibt, lernt keine Frau kennen. Wer hingegen zehn Frauen an einem Abend anspricht, hat große Chancen, bei zumindest einer zu landen. Du kannst täglich coole und interessante Frauen kennenlernen – sie warten da draußen! Mit mehr Erfahrung wirst du immer souveräner werden. Wer frei und unbekümmert und authentisch auftritt, macht vieles richtig. Authentisch zu sein, heißt in diesem

Sinne, dass du mit dir selbst, deinem Aussehen, Auftreten und Verhalten im Reinen bist. Da ist nichts gekünstelt oder aufgesetzt – Frauen durchschauen einen Fake-Aufreißer. Sei du selbst und zeige deine Stärken! Befolge dabei aber die allgemeinen Regeln der Anmache! Deine liebenswerten Eigenheiten und Schrullen zeigst du nicht gleich beim ersten Gespräch. Du bist kein Angeber und musst nicht lautstark mit deinen Erfolgen prahlen. Deine Vorzüge kannst du die Frau selbst entdecken lassen. Du gibst dich interessant, ein wenig geheimnisvoll, es lohnt sich, dich kennenzulernen. Wem es gelingt, das zu vermitteln, der wird kaum Probleme haben, seine Prinzessin anzusprechen, sie zu unterhalten und für sich einzunehmen. Glaube daran, dass die Welt dir so begegnet, wie du ihr begegnest. Nicht alle Menschen sind cool und nett, aber wenn du daran glaubst, dass die meisten im Grunde aufgeschlossen und nett sind, dann wird es auch so sein – Glaube an die *self-fulfilling prophecy*, die selbsterfüllende Prophezeihung!

Wusstest du, dass eine Frau schon in den ersten fünf Sekunden einer Begegnung merkt, ob ihr deine Augen gefallen? Dann beginnt sie schön langsam deinen Körper, deine Kleidung zu mustern und schließlich Brust und Leistengegend abzuchecken. Nach 45 Sekunden ist sie in weiterer Folge mit Frisur, Händen, Schuhen und Körperhaltung durch.[2] Der Frauenscan geht ruckzuck. Der erste Eindruck ist demnach entscheidend! Lass dich davon aber keinesfalls unterkriegen. Du musst kein Adonis sein, musst weder zwingend muskelbepackt, noch außergewöhnlich schön oder reich sein. Trotzdem kannst du einiges tun. Schon kleine Veränderungen bringen Erfolg. Diese Lektüre wird Schritt für Schritt deine Chancen erhöhen, eine Frau von dir zu überzeugen. Dabei gibt es klassische Fehler, die oft gemacht werden. Und darum schauen wir uns zuerst einmal an, was wir alles falsch machen können.

Ein attraktiver Mann ist ein gepflegter Mann, achte auf dich! Wie sieht das ideale Auftreten eines Mannes aus? Wie solltest du dich im Club auf Frauen zubewegen, wie kann man Eindruck schinden? Wie bringen wir unsere Persönlichkeit zum Vorschein und entwickeln ein optimales Flirt- und Gesprächsverhalten? Es steht für jede individuelle Achillesferse eine Lösung parat.

Männer lernen am besten von anderen Männern, finde ich zumindest. Denn jeden Blödsinn und jede Peinlichkeit, die dir schon mal passiert ist, ist garantiert irgendeinem anderen Typ auch schon passiert. Garantiert! Eine Frau wird kaum jemals im Detail nachfühlen können, wie es uns geht und was wir manchmal für Affen sind. Deshalb lernst du in diesem Buch vor allem aus den Fehlern anderer. Vorsicht aber vor dem klassischen *locker room talk* unter Männern, da bekommt man nicht immer Hilfreiches zu hören, oft sind es Sprüche, Standardfloskeln, gefährliches Halbwissen. Besser du sprichst mit Männern, die viele Frauenmeinungen kennen und gleichzeitig die männlichen Wünsche, Ängste und Probleme respektieren.

Nichts gegen einen Mann mit einer starken Persönlichkeit. Einen Mann, der weiß, was er will und der einen Plan hat. Das ist sicher das Häufigste, was ich gehört habe, wenn es um die Frage ging, was Frauen wirklich wollen: »Der Mann muss einen Plan haben!« Frauen mögen keine verwöhnten, unselbstständigen Burschis, die nichts auf die Reihe kriegen. Sie mögen auch keine übertrieben netten Schleimer oder Männer ohne Prinzipien, die nicht sagen, was sie denken, und für ihre Überzeugungen nicht einstehen.

Sag, was du denkst, steh zu dir! Lass dich nicht weichspülen! Ja, es gibt Frauen, die auf Typen stehen, die ihnen alles abnehmen, die sie ständig verwöhnen und alles bezahlen. Ja, es gibt diese Frauen, die einen Mann wollen, der ihnen nachdackelt und den sie herumkommandieren können. Willst du so jemand sein? Die meisten Frauen wollen in Wirklichkeit etwas völlig anderes: nämlich einen gleichermaßen selbstbewussten wie reflektierten Mann.

An dieser Stelle sei gesagt: Okay, ein wenig mehr Sensibilität tut, denke ich, jedem Mann gut. Aber manchmal hat man das Gefühl – gerade von Medien und Politik wird das oft vermittelt –, wir Männer könnten, egal, wie wir es anstellen, sowieso nichts richtig machen; wir hätten seit Anbeginn der Menschheitsgeschichte alles falsch gemacht und wären für alles Böse auf der Welt verantwortlich. Feministinnen kritisieren Darwins Evolutionstheorie, weil sie von Männern erforscht und beschrieben wurde. Egal, ob man liest, fernsieht oder diskutiert – man bekommt manchmal das Gefühl, man müsste sich als Mann rechtfertigen, ein Mann zu sein. Aus diesem Denken kommt man schwer heraus, man ist ja seine gesamte Kindheit in der Obhut weiblicher Erziehung. Es ist noch immer eher die Mutter, die sich um die Kinder kümmert, danach kommt die Kindergärtnerin, dann die Lehrerin. In gewisser Weise wird dem Mann dadurch ein wenig seine Männlichkeit und Eigenheit genommen. Denn was ist oft die vermittelte Botschaft? Man muss immer brav, nett und lieb sein. Und wenn man dann nett und lieb ist, steigen die Frauen mit den Arschlöchern ins Bett. Von klein auf wird uns eingetrichtert, wir sollen uns als Gentleman verhalten, modern, liberal und aufgeschlossen. Aber um Frauen kennenzulernen, sind plötzlich ganz andere Attribute gefragt. Auf einmal wird von uns verlangt, männlich, stark und selbstbewusst aufzutreten. Wir sollen die Frauen ansprechen, selbst beim Online-Flirt sollen wir sie zuerst anschreiben, und der erste Schritt zum Kuss muss auch von uns kommen – wo bleibt da die Emanzipation? Wo es unangenehm wird, muss der Mann herhalten. Wir sollen der starke Part sein und »wissen, was wir wollen«. Die allermeisten Frauen werden das bestätigen. Sie wollen, dass der Mann das Heft in die Hand nimmt. Aber Gesellschaft, Filme, Medien wollen unsere männliche Energie kleinhalten. Seid ja nicht zu männlich! Auf der einen Seite sollen wir Schoßhündchen sein, auf der anderen der starke Alphamann. Das geht sich nicht ganz aus. Und das merken und spüren viele Männer und sind frustriert und verwirrt.

Wir müssen uns nicht dafür entschuldigen, männlich zu sein. Es braucht natürlich keinen Mega-Macho und man soll sich nicht in irgendeiner Art und Weise respektlos gegenüber Frauen verhalten. Nein, sei einfach jemand, der sagt, was er will und was er denkt, und der sich nicht einschüchtern, zurechtbiegen oder verdrehen lässt. Frauen machen äußerst selten den ersten Schritt, sie sind oftmals nicht mutig genug, eine Zurückweisung zu riskieren. Sie erwarten von uns, dass wir auf sie zugehen und sie unter all den anderen auswählen. Das ist ja auch okay so. Aber darauf vorbereitet wurden wir Männer nicht – ganz im Gegenteil!

Natürlich ändert sich die Gesellschaft. Und auch das ist gut so. Männer und Frauen sind gleichwertig, gleichberechtigt – aber nicht gleich. Es gibt Unterschiede, und darüber sind wir froh. Es geht weder um einen sehnsüchtigen Versuch, die Steinzeit wieder aufleben zu lassen, noch darum, die notwendige Frauenbewegung und -gleichstellung in allen gesellschaftlichen Belangen infrage zu stellen. Ganz klar ist aber, dass die Rolle des Mannes neu definiert werden muss und dass Hilfsmittel wie dieses Buch vonnöten sind, um die soziale Scheu abzubauen, die uns allen angelernt wurde.

Versuch es locker zu sehen. Was passiert, passiert. Es kommt, wie es kommt. Der Italiener spricht vom *dolce gioco dell'amore* – vom süßen Spiel der Liebe. Ein Flirt ist ein Spiel, es soll Spaß machen. Und wir Männer spielen doch gern, oder? Soll ich mich trauen, sie anzusprechen? Was soll ich sagen? Wird sie mich mögen? Du kennst diese Gedanken, den klassischen *brainfuck*, der zu nichts führt, außer zu einer Illusion von Sicherheit: Wenn ich sie nicht anspreche, passiert mir auch nichts. Punkt. Du drehst dich buchstäblich nur im Kreis herum und malst dir in deiner Fantasie die wildesten Albträume aus, über das, was passieren könnte. Aber Verführung ist kein Hexenwerk. *Expecto Patronum!* Es geht beim Aufreißen nicht um einen megaschwierigen Zauberspruch à la Harry Potter.

Dass wir Männer uns ein bisschen tollpatschig anstellen und aus dem einfachsten Brunftverhalten eine komplexe Materie machen, ja, dass wir sogar wissenschaftliche Abhandlungen darüber schreiben, wie man am besten flirtet – es ist auch irgendwie unterhaltsam. Die Hilfe ist offensichtlich notwendig, sonst würde ich nicht dieses Buch schreiben, aber eigentlich sollte das Zusammenspiel zwischen Männern und Frauen doch etwas ganz Natürliches sein! Es ist völlig normal, sozial zu interagieren.

Dieses Buch ist in vier Abschnitte gegliedert, und zwar in folgender Reihenfolge: Wissen, Ausstrahlung, Strategie und Erfahrung. Zuerst führst du dir gewisse Hintergrundinformationen zu, reflektierst mögliche eigene Fehler. Und dann widmen wir uns konkreten Beispielen. Das klingt ein bisschen wie in der Schule, zugegeben. In diesem Fall kannst du dir zumindest aber vorstellen, dass du mit lauter Typen in der Klasse sitzt, die alle das Gleiche interessiert. Alle bestärken und motivieren sich, und niemand stellt sich neidisch in den

Weg. Der Lehrer ist ein weiser, alter Jedi-Ritter, der dir helfen will. Und das Thema, das ist das spannendste Thema, das es überhaupt gibt auf dieser schönen Welt. Du lernst die faszinierende Geschichte der Eroberung der Frau. Konkurrenz gibt es nicht, denn es ist genug für alle da.

Nachdem das Basiswissen dich dann ein wenig erleuchtet hat, kommen wir zu deinem Erscheinungsbild und deiner Ausstrahlung. Es geht um Persönlichkeitsentwicklung, nonverbale Kommunikation und das richtige Auftreten. Das sind alles spannende und enorm wichtige Themen. Anschließend geht es um das Verhalten in der Praxis. Auf in den Sattel, Cowboy! Zum einen liest du nach, wie das erste Kennenlernen und Flirten in einem Club zum Beispiel aussehen kann, dann geht es schließlich um die Überzeugung der Frau von dir und deinen Qualitäten – um das erste Date. Du wirst im Kino neben ihr sitzen und dir denken: Gut, dass ich dieses Buch gelesen habe. Die Ladys sind in der Regel ganz normale und zugängliche Menschen. Ehrlichkeit und Humor schätzen sie sehr, und alles andere, der letzte Kniff vielleicht, das gewisse Etwas, das steht hier drin!

Zu guter Letzt habe ich es mir nicht nehmen lassen, einige Beziehungstipps einzubauen, um dir weitere persönliche Erfahrungen mit auf den Weg zu geben. Wie geht es denn weiter, wenn du die Frau erobert hast, wenn du geflirtet, verführt und beeinflusst – und damit Erfolg gehabt hast? Diese Erfahrungen macht jeder selbst. Früher oder später fragen wir uns alle: Was macht eine gute Beziehung aus? Frühstück ans Bett, Rosen zum Valentinstag, immer über alles reden, aufmerksam, lieb und treu sein ... Es ist ein endloses Thema. Ein paar Ratschläge kann ich dir ans Herz legen, aber tatsächlich muss jeder für sich selbst herausfinden, was er will und was das Leben für ihn bereithalten soll.

Alle Menschen werden von dem einem Wunsch angetrieben: glücklich zu sein. Fangen wir also damit an!

Übrigens: Sollten auch ein paar Damen den Griff zu diesem Werk gewagt haben, wäre das natürlich ein Anlass zur Freude und kann nur zu besserem Verständnis führen. *Spread the love!*

WISSEN

VON SOPHISTEN UND VERFÜHRERN

Ob NLP, nonverbale Kommunikation oder persuasive Überzeugungsstrategien, es gibt verschiedene Waffen der Einflussnahme. Dieses Handbuch möchte vor allem eines: eine Frau zum Lächeln bringen! Denn was gibt es Schöneres, als mit deiner Traumfrau im Café zu sitzen oder bei Kerzenschein in einem Restaurant, du sagst etwas, die Anspannung verfliegt, und plötzlich ist es, als würdet ihr euch ewig kennen – und sie öffnet die Lippen und strahlt dich an!

Damit du dieses Ziel erreichen kannst, habe ich extra für dich eine wunderschöne klassische Tortengrafik entworfen:

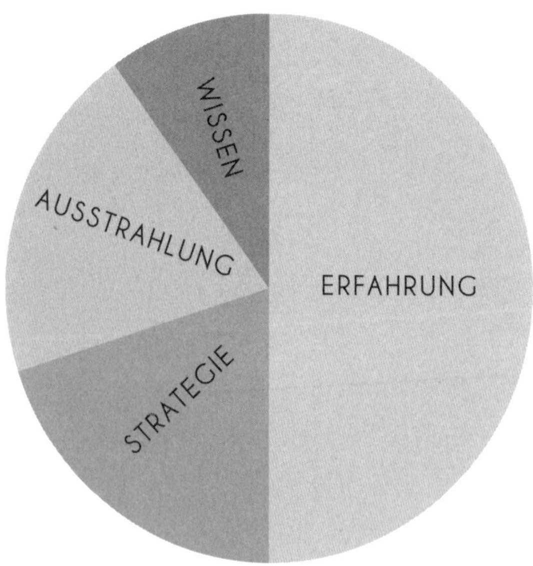

Ohhh, ahhh ... ein Raunen geht durch die Menge. Der findige Leser erkennt rasch: Das größte Stück der Torte macht die Erfahrung aus. Was soll dir das sagen? Erfahrung, praktische Erfahrung ist mit Abstand das Wichtigste, um einer Frau selbstbewusst zu begegnen und sie von dir zu überzeugen! Du kannst so viel Wissen, die geilste Ausstrahlung und die beste Strategie haben – wenn du nicht ins Handeln kommst und Erfahrungen sammelst, wird nichts passieren und du wirst auch nicht besser werden! Sammle Erfahrung! Dann wird ein Date für dich irgendwann etwas ganz Normales sein. Frauen anzusprechen wird keine Schwierigkeit für dich mehr darstellen, weil du es schon hundertmal gemacht hast. Du bist dann nicht mehr nervös, weil die Situation nicht ungewohnt für dich ist. Du willst Frauen kennenlernen? Dann tu etwas! Die dämliche Grafik hat es deshalb in das Buch geschafft, damit dir klar wird: Du musst rausgehen und etwas unternehmen! Wer Erfahrung sammelt, gewinnt immer. Glaub mir: Du wirst mit der Zeit immer besser werden. Erfahrung – positiv, wie negativ – ist das Allerwichtigste!

Verpassen wir dem Ganzen ein wenig Stil und eine geheimnisumwobene Aura und nennen die obigen Punkte die E.W.A.S.: Erfahrung, Wissen, Ausstrahlung, Strategie. Mit diesen vier Punkten überzeugt Adam die schöne Eva. Damit haben wir eine nette Eselsbrücke, und wir können uns leicht alles, was für die Verführung notwendig ist, vor Augen führen.

Es geht im Leben immer um Angebot und Nachfrage, um Geben und Nehmen. Schon Kinder sind sich dieses Prinzips bewusst. So kenne ich eine Geschichte, in der eine Lehrerin von einem interessanten Ergebnis eines Grammatiktests berichtet. In dem Test wurde nach der Zukunftsform von »ich gebe« gefragt, was einer der Schüler überraschenderweise mit »ich nehme« beantwortet hatte. So falsch die Antwort aus grammatikalischer Sicht war – aus sozialpsychologischer Perspektive ist sie ziemlich gewitzt.[3]

Die vier Elemente Erfahrung, Wissen, Ausstrahlung und Strategie stehen für das perfekte Angebot, das wir einer Frau machen können – und nach einem solchen Angebot besteht durchaus Nachfrage. Das kann ich dir garantieren.

Wir beginnen mit der Theorie, dem Hintergrundwissen. Sie macht zwar den kleinsten Teil in unserer hübschen Grafik aus, ist aber wichtig. Das Wissen um die Entstehung der Dinge ist IMMER die Basis eines erfolgreichen Lernprozesses. Klingt oberlehrerhaft, aber glaub mir: Ohne Hintergrundwissen geht nichts. Wenn du nicht weißt, wovon grundsätzlich die Rede ist, was Pick-up wirklich bedeutet und wie es entstanden ist, dann sprechen wir später nicht von derselben Sache. Im Aufreißer-Slang spricht man davon, das *manual*, die Gebrauchsanweisung gelesen zu haben.

Ich habe alles, was du wissen musst, schön für dich zusammengefasst. Du wirst erfahren, wer Mystery ist und was weibliche *Shit*-Tests sind. Lies dich in das Thema ein, ansonsten fehlt dir später die Möglichkeit zur Weiterentwicklung. Natürlich kannst du auch ein paar Seiten überspringen und vorblättern. Du pickst dir die Rosinen heraus, das, was du aktuell vielleicht benötigst, das, wovon du dir schnelle Hilfe versprichst. ABER: Kennst du dich dann wirklich aus? Weißt du, was du tust und worüber wir eigentlich reden? Man sollte über den Zusammenhang von Ursache und Wirkung Bescheid wissen. Um richtig zu lernen, muss man wissen, was zu einem Thema schon alles herausgefunden wurde.

Wie, wo und wann entstand erstmals der Wunsch, andere Menschen zu überzeugen? Die erste literarische und wissenschaftliche Auseinandersetzung lieferte die Rhetorik. Der Begriff kommt aus dem Altgriechischen und steht für Redekunst, die sogenannte Kunst der Beredsamkeit. Es ging darum, seinen Zuhörer von einer Aussage zu überzeugen, zu einer Handlung zu bewegen, schlussendlich: zu beeinflussen. Mittlerweile ist der Ruf der modernen Rhetorik aus verschiedenen Gründen ein wenig angekratzt. Der Glanz ist wohl verblasst, nachdem sie von demagogischen Typen wie Goebbels zu Massenpropagandazwecken missbraucht wurde. Aber auch die Politiker unserer Zeit liefern immer wieder gute Beispiele für überzeugende, leicht verständliche und bildhafte Rhetorik – Winston Churchills »Eiserner Vorhang« oder George W. Bushs »Achse des Bösen« sind nur zwei davon.

Erdacht wurde die Rhetorik nicht als politische Propaganda oder zum Zwecke der manipulativen Werbung, sondern als Möglichkeit, den Willen einer Gemeinschaft zu einem gemeinsamen Guten zu lenken. Die allerersten Rhetoriker gehörten zur Bewegung der Sophisten (altgriech. für Weisheitsbringer) und waren eine Gruppe von griechischen Gelehrten, die unter der Bezeichnung »Lehrer der schönen Rede« in die Geschichte der antiken Philosophie eingegangen sind. Einer dieser großen Redelehrer war Gorgias aus Sizilien, der im 5. Jahrhundert v. Chr. von Athen aus die Notwendigkeit betonte, die Gefühle des Hörers anzusprechen, um eine Wirkung zu erzielen. Ja, das hatten sie drauf, die alten Griechen! In warmen Sommernächten wurde zuerst ein Stück Brot in feinstes Olivenöl getunkt, dazu ein Ouzo gezwitschert und dann eine Weisheit notiert, die uns heute noch nützlich ist. Die großen Redner der damaligen Zeit wussten bereits, wie die Herzen der Menschen zu erreichen sind. Das ist alles lange her – die Erkenntnisse von damals gelten aber bis heute.

Erst im Zuge der Aufklärung wurde die Rhetorik zurückgedrängt. Man warf ihr vor, von rationaler Erkenntnis abzulenken. Rationale Erkenntnis!? Wenn es im Leben lediglich um die rationalen, also vernunftgemäßen Dinge ginge, wäre es kaum lebenswert. Vielleicht spricht hier nur der Geisteswissenschaftler aus mir, aber zu betören und zu beeinflussen ist Teil des Spiels. Bei uns Männern sind es eben Witz, Humor, Charme und Kommunikationstricks, mit denen wir etwas ausrichten können. Und gegen diese Methoden spricht auch gar nichts. Sonst müsste man in weiterer Folge den Frauen ja verbieten, verführerisch mit den Augen zu zwinkern oder sich aufreizend anzuziehen. Solche Dinge beeinflussen nämlich die männliche rationale Erkenntnis.

NLP & PERSUASIVE KOMMUNIKATION

Von den antiken Anfängen aus können wir einen weiten Bogen über die moderne Rhetorik, die nonverbale Kommunikation hin zum neurolinguistischen Programmieren (kurz NLP) spannen. Gehört hat man wohl davon, manche haben sich vielleicht ein wenig eingelesen, wirklich praktizieren und richtig angewendet wird es allerdings nur von den Wenigsten. NLP wird heutzutage in unzähligen Kursen angeboten und von vielen Menschen als, sagen wir einmal, humane und akzeptierte Form der Manipulation angesehen. Betrachten wir es einfach als ein Mittel zur Stärkung der sozialen Kompetenz. Entdeckt und begründet wurde NLP von zwei Amerikanern, Richard Bandler und John Grinder. Im ersten Moment denkt man bei so einem komplizierten Wortkonstrukt wie »neurolinguistischem Programmieren« wohl an automatisierte Prozesse, Datenverarbeitung und Logik. Und tatsächlich geht es beim NLP auch darum, Daten in sein Gedächtnis einzugeben, zu verarbeiten, richtig anzuwenden und abzurufen. Die Wissenschaft, die sich damit beschäftigt, ist umstritten. Die Lehre vom NLP, von der erfolgsorientierten Kommunikation, wird daher häufig als Pseudowissenschaft bezeichnet.

Und wie läuft NLP konkret? Grundsätzlich geht es darum, mit seinem Gegenüber einen so genannten Rapport herzustellen. Das Wort kommt aus dem Französischen und meint die »Chemie« zwischen zwei Personen. Passt zwischen dir und einer Frau die Chemie, könnt ihr schnell einen Rapport, eine Verbindung, herstellen. Ihr sprecht vertraut miteinander. Ihr spürt, dass ihr auf der gleichen Wellenlänge seid, etwas gemeinsam habt. Das geschieht zu Beginn dadurch, dass man sich überhaupt aufeinander einlässt, etwa durch Anpassen der Tonlage, Sprechtempo, Lautstärke, Körperhaltung, Gestik oder Mimik (*Pacing*). Man spricht in diesem Zusammenhang auch von *Matching* (dem gegenseitigen Anpassen) oder *Mirroring* (dem Spiegeln des Gegenübers). Ist der Rapport stark genug, ist es in weiterer Folge möglich, das Gespräch in eine bestimmte Richtung zu lenken und emotionalen Kontakt herzustellen (*Leading*). Grundregel ist: ohne Pacing kein Leading. Klar ist, wenn du in der Lage bist, ein Gespräch so zu führen, wie du selbst es willst, dann kannst du dein Gegenüber stark beeinflussen. Du kannst die Funktionsweise des NLP bei dir oder anderen auch im Alltag beobachten. Mit dem 20-jährigen Hipster-Geografiestudenten, der Indie-Musik hört und im neumodischen Slang daherplaudert, spricht man anders als mit dem 43-jährigen Bauarbeiter, der sich im breiten Wiener Dialekt unterhält. Wir passen uns unseren Gesprächspartnern an.

Ich verweise deshalb auf das NLP, weil es einiges von dem Wissen enthält, auf das sich die Pick-up-Community beruft. Ich würde schon allein aus Gründen des Selbstschutzes jedem dazu raten, sich ein bisschen mit der Thematik auseinanderzusetzen. In diesem Buch werde ich in den Kapiteln zum Flirtverhalten und der richtigen Gesprächsführung beim Date einige Bestandteile des NLP erklären. *Der Zauberlehrling* von Alexa Mohl ist ein gutes Einstiegsbuch für NLP-Interessierte und enthält recht anschaulich analysiert das Basiswissen.

NLP ist unter anderem deshalb umstritten, weil es, hart ausgedrückt, eine Art der Manipulation ist. Die Beeinflussung als solche haben wir allerdings bis zu einem gewissen Punkt schon gerechtfertigt. Unser Ziel besteht ja darin, dass wir unser Glück finden wollen, abgesehen davon sind wir hoffentlich moralisch integer. Unser Ziel haben wir klar vor Augen: EROBERUNG. Es geht nicht darum, eine Person zu manipulieren und zu verdrehen, sondern sie von uns zu überzeugen, sie zu erobern. Liebe fängt mit einem Aufriss an.

Du hast eine Frau erobert, wenn du sie von dir überzeugt hast, sei es durch dein Aussehen, dein Auftreten, deine Persönlichkeit, deinen Humor oder durch deine sprachliche Gewandtheit. Im Zusammenhang mit der Beeinflussung des Kommunikationspartners gibt es übrigens eine spannende kommunikationswissenschaftliche Theorie. Die Erkenntnisse beziehen sich größtenteils auf die Beobachtung von Politikern. Wir vermuten ja ohnehin, dass diese die größten Manipulatoren und Verführer überhaupt sind. Auch Politiker wollen schließlich nichts anderes, als uns von sich zu überzeugen, damit wir sie letztendlich wählen. Ein guter Politiker ist meistens auch ein guter Verführer. Bill Clinton und Monica Lewinsky wissen womöglich, wovon ich spreche, aber auch John F. Kennedy soll kein Mann von Traurigkeit gewesen sein, was sein Verhältnis zum schönen Geschlecht betrifft.

Aufgepasst: *Persuasion*, d. h. Überzeugung, basiert nach den Wissenschaftlern Petty und Cacioppo auf dem ELM (*Elaboration Likelihood Model*). Es ist ein sozialpsychologisches Modell, das auch in der Medienwirkungsforschung angewandt wird. Es unterscheidet zwischen zwei unterschiedlichen Arten, wie ich andere Menschen beeinflussen kann.

Einerseits gibt es die Möglichkeit, die sogenannte zentrale Route in unserem Gehirn anzusprechen. Eine Route, bei der eine eingehende und sorgfältige Auseinandersetzung mit den Argumenten stattfindet, die eine Botschaft enthält. Der Empfänger der Botschaft macht sich also ein differenziertes Bild der Sachlage.

Andererseits gibt es aber auch einen kleinen Umweg, einen fast geheimen Pfad in unseren Gehirnwindungen: die periphere Route. Hier findet nur eine sehr oberflächliche Beschäftigung mit den Inhalten statt, die eine Botschaft enthält.[4] Es handelt sich also eher um eine gedankenlose Verarbeitung.

Will ich jemanden überzeugen, muss ich wissen, wie die Person, mit der ich gerade rede, tickt. Wie ist sie drauf? Ist der Empfänger aufmerksam und motiviert? Kennt diese Person mich und meine Absichten? Versteht sie, dass ich dabei bin, einen Rapport herzustellen? Lässt sie sich darauf ein? Wenn grundsätzliche Sympathie da ist, dann wird eine Person, je länger sie mit mir spricht, mir immer mehr vertrauen. Je nachdem, wer mein Gesprächspartner ist und wie er oder sie gerade drauf ist, wird der Pfad der Überzeugung gewählt:

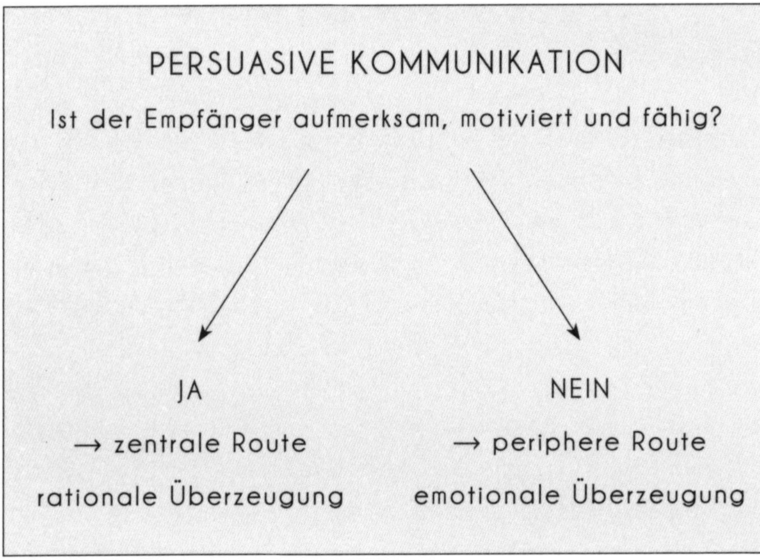

Ein weiser Mann hat mir einmal gesagt, dass bei einer Frau immer Kopf UND Herz überzeugt werden müssen. Es war ein bereits angeheiterter, älterer Herr in einer düsteren Wiener Bar – dem Vernehmen nach dreimal geschieden. Und sein Credo, das er alkoholisiert und resigniert lallend minütlich wiederholte: »Es geht nicht mit ihnen und es geht nicht ohne sie.« Wie recht er hat. Und zwar auch mit seiner ersten These. Der Kopf der Frau mag denken: »Ja, eine Beziehung mit diesem Mann wäre vernünftig. Er ist nett, hat einen guten Job, wäre ein guter Vater für unsere Kinder. Er steht mit beiden Beinen im Leben.« Dann stehen die Chancen für diesen Mann gut, die Sache ist aber noch nicht entschieden. Etwas vollkommen anderes ist es, wenn nun das Herz spricht. Da zählen einzig und allein die romantischen Gefühle. Menschen, die verliebt sind, sehen die Schwächen des anderen gar nicht – zunächst nicht, es mag sich im Laufe der Zeit ändern.

Wirklich erobert hast du eine Frau erst dann, wenn du Kopf UND Herz überzeugt hast. Zum Glück können wir aus zwei verschiedenen persuasiven Strategien wählen, je nachdem welchen Bereich wir gerade ansprechen möchten. Ich bin so dreist und stelle einen Zusammenhang der persuasiven Strategien für das Flirtverhalten her. BEIDE Strategien werden beispielsweise in TV-Duellen von Politikern angewandt. So kann auf der zentralen Route rational und auf der peripheren Route emotional vorgegangen werden, um Wähler zu überzeugen und die Einstellung von Menschen zu verändern. Noch einmal: Wir wollen dieses Wissen als Basis nutzen. Wir wollen verstehen, wo Überzeugungen herkommen.

Zu erwähnen ist nun allerdings, dass der zentrale, rationale Weg mit Anstrengung verbunden ist. Profis benutzen diesen Weg nur dann, wenn sie wissen, dass beim Zuhörer die Motivation und die Fähigkeit zur genauen Informationsverarbeitung groß genug ist.

POLITIKER SIND VERFÜHRER

Mal angenommen, ich bin ein aufstrebender, junger Politiker und will jemanden überzeugen. Meine Spindoktoren und Berater sagen mir, dass es dafür zwei Herangehensweisen gibt: die rationale oder die emotionale.

Das Modell des ELM versteht die rationale Überzeugung, die zentrale Route also, als Form der ausführlichen Informationsverarbeitung, bei der sich der Zuhörer intensiv mit einer Information auseinandersetzt.[5] Er überprüft die Argumente, die er hört, zumeist durch Fakten, die er kennt (wie Zitate oder Statistiken). Er zieht eigene Schlussfolgerungen und macht sich dann ein differenziertes Bild von der Sachlage – was am Ende tatsächlich zu einer Einstellungsänderung führen kann. Sollte eine solche Neuausrichtung erfolgen, ist diese also nicht direkt durch die Botschaft selbst entstanden, sondern durch die gedankliche Auseinandersetzung mit ihr. Die Wirksamkeit der Botschaft wird zudem durch die Glaubwürdigkeit des Gesprächspartners beeinflusst.

Es ist sehr schwer, jemanden von etwas zu überzeugen, wenn dessen Meinung schon feststeht und wie in Stein gemeißelt ist, also kaum beeinflussbar. Zum Beispiel hast du schon über Jahre hinweg mitbekommen, dass Elefanten grau sind. Du weißt es. Es wäre nicht so einfach, dich davon zu überzeugen, dass Elefanten rosa sind.

Wir wollen nun den Frauen aber nicht weismachen, dass Elefanten rosa sind. Sie sollen bloß einsehen, dass wir coole Typen sind. Das sollte doch wesentlich einfacher zu machen sein! Jemanden rational von etwas zu überzeugen, ist schwer – wichtiger für uns ist deshalb die periphere Route. Hierbei finden gar keine ausführliche Analyse und Verarbeitung der Botschaft statt, sondern es werden Reize ausgewertet, die oftmals nichts mit dem eigentlichen Thema zu tun haben. Um die periphere Route einzuschlagen, können wir beispielsweise emotionale Appelle nutzen, also Argumente, die mit Emotionen und Bildern spielen. Wir wollen einer Frau zeigen, dass es sich lohnt, uns kennenzulernen. Manche glauben das nicht, also müssen wir sie davon überzeugen. Sei emotional! Versuche andere für dich zu begeistern!

Wie machen das die Politiker bei ihren Wählern? Durch die immer größer werdende Informationsüberflutung und Informationskonkurrenz wird es schwierig für den Politiker, die Aufmerksamkeit des Wählers auf sein Angebot zu lenken.[6] Die Vermittlung von Emotionen, die

Verwendung positiver Appelle wie Freude und negativer Appelle wie Furcht hat für die politischen Akteure deshalb besonders an Bedeutung gewonnen, da darin eine Möglichkeit gesehen wird, der Informationsüberlastung in unserer schnelllebigen und globalisierten Smartphone-Welt entgegenzuwirken.

Eine Einstellungsänderung über die rationale Route ist unwahrscheinlich, wenn auch gefestigter. Der emotionale Weg hingegen führt viel schneller zu einer Einstellungsänderung und hat bessere Erfolgsaussichten! Dass es diese zweite Art der Verarbeitung gibt, klingt nur allzu einleuchtend, da eine genaue und zentrale Auseinandersetzung mit Informationen einen nicht unerheblichen geistigen Aufwand nach sich zieht und der Konsument dank Smartphone/Internet heutzutage ohnehin täglich mit einer nahezu unüberschaubaren Fülle an Informationen konfrontiert ist.

Was bedeutet das?

Eine periphere Verarbeitung bedarf, anders als eine zentrale, keines großen Vorwissens sowie keiner großer Anstrengung und Motivation. Da aber die durch emotionale Appelle entstehende Meinungsänderung nicht auf wirklicher Auseinandersetzung mit den Inhalten basiert, ist sie gegenüber späteren Beeinflussungen auch weniger resistent. Meinungsänderungen durch die zentrale Route kommen zwar deutlich langsamer und schwerer zustande, sind aber in das persönliche Geflecht aus Einstellungen, Normen und Werten integriert, weisen daher eine hohe Widerstandskraft auf und sind dauerhaft.[7]

Auf dem peripheren Weg rücken andere Merkmale der Botschaft in den Vordergrund, die den Persuasionserfolg entscheidend beeinflussen, zum Beispiel die Attraktivität des Kommunikators oder die Lebendigkeit, die Präsentation der Botschaft. Emotionale Appelle sind Aussagen, die den Zuhörer gefühlsmäßig packen und dadurch die Wirksamkeit einer Botschaft erhöhen.[8] Bedingung dafür ist, dass die Emotionen den Zuhörer betreffen, oder ihn zumindest betroffen machen.

Politiker besitzen oftmals einen Urinstinkt, wie sie ihr Publikum erreichen können. Nämlich gelingt dies am besten über Bilder und Emotionen, was ihnen entsprechend auch von ihren Kommunikationsberatern eingeimpft wird. Das äußert sich in der zunehmenden Inszenierung von Wahlparteitagen und in der Anwendung von unseren zwei Persuasionstechniken. Überlege mal: Am besten wirken Politiker im Fernsehen, wenn sie aus ihrem monotonen Einheitsbrei ausbrechen und plötzlich authentisch und emotional werden. Das birgt auch Risiken. Die Gefahr, Fehler zu machen, ist bei dieser Herangehensweise größer. Aber oft geht es gut und die abgehobenen Anzugträger wirken menschlich. Der österreichische Ex-Bundeskanzler Alfred Gusenbauer zum Beispiel war mir nie sympathischer als in dem Moment, als er über eine private Leidenschaft authentisch gesprochen und sich als leidenschaftlicher Fußballfan geoutet hat.

Die wissenschaftliche Forschung der letzten Jahrzehnte hat diese ganze Entwicklung und den Trend zur Emotionalität noch verstärkt, denkt man nur an die inflationäre Verwendung der Mehrabian-Formel. In Amerika kennt die Formel jeder Student. Du kennst sie wahrscheinlich auch. In Will Smiths Paraderolle als Beziehungscoach im Film *Hitch – Der Date Doktor* wird die Theorie gleichsam zur heiligen Schrift gekürt. *Here it comes*: Die Wirkung einer Mitteilung wird nur zu 7 Prozent durch den sprachlichen Inhalt, zu 38 Prozent durch Tonlage und Lautstärke und zu **55 Prozent!** durch nonverbale Kommunikation (Mimik, Gestik) bestimmt. Das würde bedeuten, dass es eigentlich vollkommen egal ist, WAS ich sage. Es kommt nur darauf an, WIE ich es sage. Das stimmt in dieser prozentuellen Einteilung so sicher nicht immer, wiewohl ich den Wahrheitsgehalt der Formel gerade im Flirt für nicht gering erachten würde. Der tatsächliche sprachliche Inhalt ist hier zumindest am Anfang wirklich zu vernachlässigen. »Hallo Hübsche, trink ma' was?« kann tatsächlich gut ankommen, wenn du es entsprechend rüberbringst.

Genau genommen ist es also gar nicht so genau wichtig, was wir von uns geben, wenn wir nervös sind und eine schöne Frau vor uns steht. Da ist oft ziemlich viel Blödsinn dabei – egal! Im Flirt ist es nicht wichtig, vom ersten Moment an sinnvoll zu sein, die Hauptsache ist, dass wir überzeugen. FRAUEN WOLLEN KEINE LOGIK, SONDERN EMOTIONEN!

Zusammengefasst sind verbale Persuasionstheorien also effektive Waffen der Einflussnahme, die von Politikern gekonnt genutzt werden, um die Wähler für sich zu gewinnen. Der Aufreißer sollte sich diese Erkenntnisse zunutze machen. Emotionalität ist ein wichtiger Faktor in der heutigen Gesellschaft, sei es in der Werbung, in der Freizeitgestaltung, in der Politik – oder beim Flirten!

Es verwundert nicht, dass emotionale Aussagen in den Arenen der Neuzeit, den TV-Duellen – seien sie überzeugend gespielt, oder ehrlich gemeint – Aufmerksamkeit erregen und positiv wahrgenommen werden. Als Zuschauer sehnt man sich doch regelrecht nach etwas mehr Farbe und Vielfalt im oftmals drögen, grauen und viel zu realitätsfernen Politdiskurs. Politiker sagen nicht das, was sie meinen, sondern nur das, wovon sie glauben, dass es gut ankommt. Und die Wähler scheint das nicht einmal zu stören. Nicht zuletzt halten die politischen Akteure oftmals an ihrer Prämisse fest: »In einer TV-Debatte geht es nicht darum, die Zuseher auf seine Seite zu ziehen, sondern darum, sich auf die Seite der Zuseher zu schlagen.«[9]

Was können wir als Verführer von den Politikern lernen? Eines können wir uns garantiert zu Herzen nehmen: Polarisierungen und eine starke Meinung sind gut und zeugen von Selbstbewusstsein, sind allerdings mit viel Aufwand sowie der ständigen Gefahr verbunden, irgendjemanden auf die Füße zu treten.

Vage, geheimnisvolle Aussagen sind da vor allem am Anfang viel besser. Sie lassen einen Deutungsspielraum. Und sind sie auch noch mit schönen Bildern und Metaphern verziert und emotional, ist uns Aufmerksamkeit sicher. Stell dir vor, wie du mit glühenden Augen, einem kühnen Lächeln, Begeisterung und schöner Bildsprache zu einer Gruppe von Frauen sprichst. Die Aufmerksamkeit gehört dir! Das ist Persuasion im Alltag ... Dabei gilt: Jeder ist in irgendetwas gut. Der Bücherwurm ist belesen, der Morgensportler diszipliniert, der Audio-Designer ist kreativ, der Game-of-Thrones-Junkie hat Fantasie. Verhalte dich entsprechend, zeige deine Stärken. Lass die Welt an deinen Emotionen teilhaben! Erzähle Frauen emotional davon, was für dich dein Hobby so toll und aufregend macht. Wie fühlst du dich dabei? Kommunikationstheorien beweisen, dass du deine Gesprächspartnerin nicht mit kühler Logik begeisterst, sondern mit Emotionen und Authentizität!

THE GAME

Alles in allem verwundert es nicht, dass die Amerikaner wieder einmal die Ersten waren, die die Persuasion in der zwischenmenschlichen Kommunikation angewendet und für den Flirt adaptiert haben. Die Amis bleiben bei solchen Dingen immer noch die coolsten Trendsetter. Es gibt verschiedene Ansätze aus der amerikanischen Aufreißerszene, die die männliche Unsicherheit thematisieren und Taktiken zur erfolgreichen Verführung einer Frau vorgeben. Sei es durch die Anwendung von NLP, durch Comedy, Zauberei, die *Double-your-dating*-Strategie von David DeAngelo, durch Provokation wie in der *mystery method* oder sogar durch Ross Jeffries' Hypnosemethode.

Alle diese Methoden sind mittlerweile schon recht alt, werden aber immer wieder neu und in leicht veränderter Form unter die Leute gebracht – da will ich mich gar nicht ausnehmen. In den USA ist der Markt für Pick-up-Artists noch immer deutlich größer als in Europa. Sehr bekannte moderne Vertreter sind die Jungs von Real Social Dynamics (RSD). RSD ist eine US-amerikanische Pick-up-Coaching-Firma, die große Diskussionsveranstaltungen oder auch mehrtägige *bootcamps* organisiert. Coaches leiten die Teilnehmer an und geben ihnen Feedback. Dazu werden zahlreiche Videos auf ihren Plattformen angeboten, in denen mit versteckter Kamera die Profis *in field*, also beim Aufreißen, gefilmt und begleitet werden. Das persönliche Aufreißverhalten bezeichnen sie als das *game*. *My game is based on congruence and charisma*, würde zum Beispiel RSD-Gründer Owen Cook alias Tyler sagen und damit meinen, dass er die Frauen über das

Prinzip der Deckungsgleichheit und mithilfe seines Charismas rumzukriegen versucht.

Die Bezeichnung *game* stammt aus dem gleichnamigen Buch, das so quasi die Bibel der PUAs ist. Die Pick-up-Community wurde erst 2005 durch die Veröffentlichung von *The Game* einer breiteren Öffentlichkeit zugänglich gemacht. Autor Neil Strauss traf mit dem Buch – auf deutsch *Die perfekte Masche* – ins Schwarze. Sein autobiografischer Bericht wurde ein Beststeller und löste eine Bewegung aus, eine Welle der überschäumenden Begeisterung und teilweise verblendeten Erleuchtung, die in einem unaufhaltsamen Tempo von Amerika nach Europa schwappte. Und mittendrin: Legendäre Pick-up-Artists wie Mystery, Tyler und Strauss selbst, die ganz oben auf der Erfolgswelle surften. Sie wussten vor allem, wie man die heiße Frau in der Bar am besten abschleppt. Der Hype hat mit dem heute so verbreiteten Online-Dating ein wenig abgenommen. Viele Männer beschäftigen sich mittlerweile eher damit, wie sie im Online-Chat und auf ihren Profilbildern in den Flirt-Apps möglichst gut rüberkommen. So klappt es vielleicht mit einem Date, ohne dass man sich überwinden und eine Frau ansprechen muss. Klar, das ist bequem, aber es löst das Grundproblem nicht. Irgendwann siehst du sie im *real life*. Und was machst du dann? Schaut ihr weiter auf euer Smartphone und chattet miteinander? Abgesehen davon ist Online-Dating auch nicht für alle Männer geeignet. Dazu später mehr.[10]

Im Buch *The Game* geht es um das Spiel, das die Frauen spielen und das wir gern mitspielen dürfen, wenn wir die Regeln kennen. Die Story beruht auf einer wahren Geschichte und beschreibt ausführlich den Werdegang des Autors Neil Strauss zu einem der Pick-up-Gurus. Der Journalist beschäftigte sich ursprünglich mit dem Thema, weil er ein schüchterner Nerd ist. Er tauchte ein in die damals noch geheime Gemeinschaft der Profiaufreißer und wurde einer der ihren. Unter seinem Pseudonym »Style« wurde er selbst einer der größten Stars der Szene. In seinem Buch erzählte er erstmals, wie die Taktiken der PUAs funktionieren, er enthüllt alle Tricks und alle Gefahren der *seduction community*, der *secret society of pickup artists*. Es ist ein eigenwilliger Erfahrungsbericht, in dem es um Eroberung, heiße Affären und einmalige Momente geht. Es geht wenig um Liebe. Muss es auch nicht. Ein Aufriss ist was Tolles, klar! Applaus für dich! Ein »FC« (*fuck close*), wie es im eigenen Slang der Pick-up-Community heißt, sprich, eine Frau ins Bett zu kriegen, macht einen natürlich stolz. Machen wir uns nichts vor. So animalisch es klingt, die Eroberung befriedigt einen urmännlichen Trieb. Schließlich und endlich solltest du dabei aber nie vergessen, wie und warum du dich überhaupt mit dem Thema beschäftigst. Es geht in erster Linie darum, einfach besser bei Frauen anzukommen. Also prahle weniger, sondern verbessere stetig dein *game*.

Das Buch *The Game* ist eine autobiografische Geschichte, die die Erfahrungen eines Glücksritters beschreibt. Es ist pure Unterhaltung. Alle großen Pick-up-Meister kommen darin vor, von Ross Jeffries, Mystery, David DeAngelo, Rick H bis hin zu Tyler. Es ist nicht wirklich ein geeigneter Ratgeber. Die Tipps sind nur bedingt umsetzbar und es gibt wohl auch kulturelle Unterschiede zwischen der Aufreißerszene in den USA und Europa. Das wiederum hat massenhaft hiesige Flirt- und Dating-Coaches auf den Plan gerufen. Ich selbst habe unter anderem einen Kurs bei Maximilian Pütz (alias »The Joker«, wie er sich damals nannte), einem auch aus dem deutschen Fernsehen bekannten PUA, besucht. Dazu habe ich sehr viel über die Aufreißerszene und auch über ihre Methoden des Gedankenlesens und der Gesprächsführung gelesen, gelernt und erprobt. Die wichtigsten Erkenntnisse dieser Erfahrungen werde ich in diesem Buch zusammenfassen. Da ich mich sowohl an Fortgeschrittene als auch an Beginner wende, sind die Ausdrücke stets direkt erklärt.

Das Aufreißen als einziges Hobby zu sehen, ist nicht ideal und vielleicht sogar eine Gefahr, wenn man bedenkt, wie junge Männer so ticken. Wer sich zu lange und zu intensiv mit diesem Hobby beschäftigt, merkt irgendwann, wie beziehungsunfähig er geworden ist. Ich habe einige Leute aus der Pick-up-Szene kennengelernt, die einen Abend mit ein paar Freunden bei einem gemütlichen Bier nicht mehr genießen konnten, weil sie nur mehr auf der Pirsch waren. Wo ist die nächste Frau? Was sag ich? Wie krieg ich sie rum? Die haben ihre Sprüche und Spielchen beinhart auswendig gelernt. Sie wurden zu empathielosen *social robots* und verloren meiner Meinung nach das Wesentliche aus den Augen: Selbstwahrnehmung, Selbstverwirklichung, Liebe, Glück und einfach nur Spaß am Spiel. Wer nicht offen ist, sich nicht weiterbildet und nicht seine Persönlichkeit entwickelt, der ist einfach nur stur und unflexibel.

Es ging dann eigentlich nur noch ums »Sargen«, um den besten *approach* bei einer »HB9« und einen darauffolgenden, ausführlichen *field report*.[11]

Das wurde mir irgendwann zu viel und nervte brutal. Dieser eigene Slang lässt einen noch viel mehr in der Community versumpfen und isoliert einen auf eine gewisse Art und Weise. Die Verbissenheit konnte ich nicht nachvollziehen. Auf der anderen Seite finden Männer mit Minderwertigkeitskomplexen durchaus Halt und Hilfe. Es entstehen auch zweifellos ein gewisses Zusammengehörigkeitsgefühl und Kameradschaft. Viele meinten: Nur in der Community finde ich jemanden, der mich versteht, jemanden, der sich auch verbessern, der Grenzen austesten und Ängste überwinden will.

Neil Strauss beschreibt in *The Game* ein Leben, das sich alle Männer wünschen: Abenteuer, Geld, Ruhm und vor allem Frauen ... Das ist es: Wir wollen so viele Frauen wie möglich erobern, um uns selbst zu bestätigen. Und dann irgendwann wollen wir genau die Richtige, die Traumfrau, die zu uns gehört. Das wünschen sich 90 Prozent aller Männer. Die meisten von uns träumen nicht von wechselnden Frauen, sondern von DER Frau überhaupt. Aber woher sollen wir, wenn wir ihr begegnen, wissen, ob sie es ist!? Wir brauchen den Vergleich und auch die Erfahrung, und die bekommen wir, indem wir mehr und mehr Frauen kennenlernen. Und damit kommen wir zum nächsten Problem: Männern gelingt es manchmal nicht, Frauen als zugängliche und ganz gewöhnliche Menschen zu sehen. Der Respekt ist zu groß, die Angst wächst. Viele von uns sind derart eingeschüchtert, dass sie resigniert haben. Sie sind, um den treffenden Wortschatz der Pick-up-Community zu bemühen, so genannte AFCs (*average frustrated chumps* = durchschnittliche frustrierte Loser).

Natürlich sind die wenigsten von uns Loser. In den meisten steckt ein Tiger, der einfach nur rausgelassen werden will. Eines stimmt: Der Typ Mann, der bewundert wird, ist der Gewinnertyp, der Alphamann. Du erkennst gewisse Verhaltensweisen, die dir imponieren, und versuchst diese dann zu kopieren. Denk einmal an Männer, die du bewunderst. Vielleicht sind es Schauspieler oder Models – oder auch einfach Menschen aus deinem Freundeskreis. Personen, die Geschichten erzählen können, Personen, denen man vertraut, die vernetzt sind, die respektiert werden und die die Menschen um sich herum positiv bestärken. Mich haben zum Beispiel immer Männer fasziniert, die eine ungemein positive Ausstrahlung haben. Ich hatte vor vielen Jahren einmal einen Arbeitskollegen während meiner Zeit beim Zivildienst, der hat ausnahmslos jeden Menschen herzlich und offen und mit dem breitesten

Grinsen begrüßt – und das jeden Tag. Das war wahnsinnig imponierend. Ich habe ein Jahr mit ihm zusammengearbeitet. Er hat mich damals als 19-Jährigen in die coolsten Clubs in Wien mitgenommen. Ich würde fast sagen, er hat mir so die große, weite Welt gezeigt und mir weitergegeben, was er übers Fortgehen, über sinnlichen Genuss und Frauen wusste.

Ganz starke Siegertypen haben natürlich auch eine überlegene Coolness, selbst in ausweglosen Situationen. Bradley Cooper im Film *Hangover* zum Beispiel hat immer alles unter Kontrolle, seine Figur Phil hat eine außerordentlich starke Persönlichkeit. Er bleibt gelassen und hat alles unter Kontrolle, sogar mit einem Tiger im Bad und in vielen anderen Chaossituationen. Ich denke auch an Brad Pitt als Rusty in *Oceans 11*. Immer cool und relaxed, und dabei ist er auch noch ständig am Essen. Ebenfalls ein Klassiker: Brad Pitt als Tyler Durden in *Fight Club*.

Vielleicht hast du ganz andere männliche Vorbilder? Die meisten Männer streben nach dem Ideal »James Bond«. Ein abgebrühter, stilsicherer, eiskalter, cooler, selbstbewusster Typ, dem die Frauen nachrennen. Selbst wenn es nur erfundene Figuren in Filmen oder Comics sind: Nimm dir deine Helden zum Vorbild und werde selbst einer. Kopiere nicht, sondern entwickle dich. Eine *I-don't-give-a-fuck*-Mentalität zu erreichen, wie sie die beschriebenen Filmhelden vorleben, kann ein Ziel sein. Man kann sich auch komplett andere Typen zum Vorbild nehmen, einen Comedian zum Beispiel, wichtig ist, dass es zu dir passt. Bleib immer du selbst – die beste Version davon! Du solltest dich nicht verstellen müssen. Überleg dir, was zu dir passt, denn viel schlimmer, als schüchtern zu sein, ist es, ein Aufschneider oder Blender zu sein, der nicht er selbst ist.

Das Wissen, das die PUAs weitergeben, existiert schon lange, es wird ständig erweitert, aber seine Anfänge nahm die Bewegung vor über 40 Jahren. Bereits 1970 erschien Eric Webers *How to pick up girls*. Die ersten bekannten Aufreißer tauchten in den 1990er-Jahren auf. Ross Jeffries Buch *How to Get the Women You Desire into Bed* und sein Begriff der *speed seduction*, in dem es um den gezielten Einsatz von NLP-Techniken geht, ist möglicherweise als der Ursprung der heutigen Community anzusehen. Mit dem Erfolg von *The Game* (2005) wurde Neil Strauss aber der international bekannteste Vertreter der Szene.

Strauss kam zum Thema Pick-up in seiner Funktion als Journalist. Er wollte eigentlich nur über einen bereits bekannten Aufreißer schreiben und wurde dann dessen Schüler. Der Mentor von Strauss war Mystery alias Erik von Markovik. Er hat die meisten PUA-Techniken erstmals benannt, beschrieben, katalogisiert und weitergegeben. In der Community spricht man noch heute geradezu ehrfürchtig von ihm. Er entwickelte die *mystery method*, von der er bescheidenerweise behauptet, sie sei unfehlbar. Sein Motto lautet: *In der Welt um dich ist alles vorhanden, es ist alles da, für alles gibt es eine Lösung.* Der Grundgedanke bei der ganzen Pick-up-Kultur ist, dass jede menschliche Interaktion, jede Beziehung bestimmten Regeln folgt. Und diese Regeln wurden dann veröffentlicht und in eine Struktur gepackt – denn wir Männer brauchen und lieben ja Struktur!

Frauen werden über eine solche Herangehensweise vielleicht die Stirn runzeln, sie wollen, dass alles natürlich und romantisch fließt und aus dem Moment passiert. Aber das bekommen wenige Männer hin. Viele Frauen glauben an das Schicksal und hängen dem Gedanken nach, dass alles aus einem bestimmten Grund passiert. Sie kennen und verstehen unsere Ängste und männlichen Ego-Probleme nicht. Wir jedoch wollen in der Lage sein, uns die Frau auszusuchen, die zu uns passt, und nicht in einer unglücklichen Beziehung enden, nur damit wir nicht allein sind. Davon hat nämlich niemand etwas.

Mysterys Methode, Frauen anzumachen, ist sicherlich nicht jedermanns Sache. Mystery wirkte zu seinen Aufreißerzeiten auf den ersten Blick fast ein wenig lächerlich, beispielsweise trug er damals oft einen überdimensionierten Stoffhut, wenn er ausging, oder er hatte schwarz lackierte Fingernägel. Aufzufallen war eine seiner Maschen. Er nennt das die *peacock theory* (Pfauen-Theorie). Du erzeugst Aufmerksamkeit durch hervorstechende Accessoires, die dich interessant und anders wirken lassen und es den Frauen leichter machen, dich anzusprechen. Dann wirkst du mit deinem *inner game*, deinem absoluten Selbstbewusstsein als Alphamann, und beeindruckst dazu mit kleinen Zaubereien, mit geschicktem *palm reading* (= Handlesen) und anderen manipulativen Gesten. Die Wahrheit ist: Der Typ hatte natürlich ein unglaubliches Talent, hatte sich lange mit dem Thema beschäftigt und eine unheimliche Aura entwickelt, und er wusste um seine Wirkung auf Frauen. Mit Plateauschuhen, Fliegerbrille und Federboa ging Mystery auf Aufriss – wobei man in Amerika womöglich noch einen Tick mehr *crazy* aussehen muss, um aufzufallen. In Europa reichen sicher schon kleine Details, eine Kette, ein Anstecker oder ein Ring. Nicht jeder ist ein schillernder Pfau oder möchte einer sein. Aber fest steht: Mysterys Motto »Es ist egal, wie du aussiehst.« machte Mut und vergrößerte die Community.

Ich kannte mal einen Franzosen, der sich selbst als der neue Mystery positioniert hat. Jules war, wenn wir in die Clubs gingen, immer mit einem Zylinder unterwegs – immer! Und Zauberkarten hat er auch ständig dabeigehabt. Viele Leute haben geschaut, es sind sicher auch Mädels auf ihn zugegangen und waren neugierig. Er selbst hat aber auch einiges trinken müssen, um sich seine Auftritte zuzutrauen.

Ich habe eine Zeit lang immer eine Sonnenbrille in der Disko getragen. Das ist jetzt nicht die kreative Supermasche, aber es hat echt oft funktioniert. »Blendet dich die Sonne so?«, war dann der schon fast standardmäßige Anmachspruch der Frauen. Oder sie kamen, und nahmen mir mit neckischer Geste die Brille weg. Auch die Arroganz, die Sonnenbrillen vermitteln, spricht einige Frauen an. Im Wiener Club »Passage« zum Beispiel hat das bestens funktioniert. Manchen konnte ich sogar erzählen, dass ich die Brille tragen würde, weil ich berühmt wäre. »Ich bin Fußballer, spiel bei Rapid«, hab ich dann erzählt. Einige Frauen waren nur auf die Kohle aus, und in einem solchen Fall hatte ich nie ein schlechtes Gewissen, ihnen ein paar wilde Storys aufzutischen. Würde ich natürlich heute nicht mehr tun!

Es macht dich also interessant, wenn du ein bisschen etwas anderes an dir hast. Zudem geben die Gimmicks und Gadgets den Frauen die Möglichkeit, ungezwungen Kontakt mit dir aufzunehmen, an irgendetwas anzudocken. Ein T-Shirt mit einem auffälligen Spruch tut's auch schon. So was wie die schwarzen Fingernägel sind halt ein Hingucker. Das wirft Fragen auf, man kommt ins Gespräch. Frauen sind neugierige Wesen. Und Zaubertricks, Hypnose, Handlesen und den ganzen Hokuspokus lieben sie heiß.

Pick-up war mal groß. Viele hilfesuchende Männer waren begeistert davon, dass sie ganz konkrete Sprüche und Routinen auswendig lernen konnten. Es gab also doch noch Hoffnung! Der eigentliche Gedanke war, Männern eine bestimmte Art von Selbstbewusstsein einzuimpfen, ihnen zu helfen, ihr Verhalten gegenüber den Frauen zu verbessern und Beginner anzuleiten. Irgendwann wurde die Masche aber so populär und war so verbreitet, dass die Frauen in Los Angeles beispielsweise die Anmachsprüche schon auswendig kannten. Die Methoden in *The Game* sind mittlerweile etwas *outdated* und nicht mehr aktuell.

So wie das Wissen vielfach praktiziert wurde, ging es nur darum, in möglichst kurzer Zeit eine Frau ins Bett zu kriegen. Das führt nicht unbedingt zu langfristigem Glück. Eher im Gegenteil. Die Typen, die ich vor vielen Jahren kannte und die so in der Sache drin waren, dass sie kaum mehr ein normales Gespräch mit einer Frau führen konnten – sie hatten vielleicht bestimmte Techniken gelernt, aber sie hatten keinen wirklichen Selbstwert erlangt. Man sollte sicherlich seine Möglichkeiten nutzen, um zu gutem Sex zu kommen, aber die Sache sollte nicht ständig im Vordergrund des eigenen Handelns stehen. Mit jeder Affäre und jeder Bekanntschaft, auch bei jedem Date gibt man einen kleinen Teil von sich her. Man stumpft ab. Ein Rendezvous ist irgendwann nichts Besonderes mehr. Willst du mit vielen verschiedenen Frauen Sex haben? Ist es das, was du willst? Wenn ja, dann lass dich nicht aufhalten, aber pass auf, dass du am Boden bleibst. Wenn du fair und ehrlich bist und den Frauen keine falschen Hoffnungen machst, dann ist ein solches Leben absolut in Ordnung. Andere wollen eine feste Freundin finden, die richtige Partnerin, was vielleicht das größere, weil längerfristig angelegte Unterfangen ist. Der Weg ans Ziel ist allerdings der gleiche, denn: Ob man eine Freundin sucht oder einfach nur auf Spaß und wilde Abenteuer aus ist – man muss die Frauen von sich überzeugen.

UNTERSCHIEDE: MÄNNER UND FRAUEN

Dir dämmert vermutlich, dass die Unterschiede zwischen Männern und Frauen immer wieder eine Rolle spielen. Vielleicht ist es ganz gut, sich damit auseinanderzusetzen. Du musst dein Gegenüber kennen – Fettnäpfchen gibt es nämlich viele. Hier sollen nur in aller Kürze einige unterhaltsame Punkte und allgemeine Gegensätzlichkeiten festgehalten werden. Alles andere würde zu weit führen.

Dieses Buch beschäftigt sich mit dem Kennenlernen und dem Erobern der Frau, tiefergehende Unterschiede zwischen Männern und Frauen sind eher in einem Beziehungsratgeber zu finden. Gerade am Anfang, beim ersten Flirt, sind Unterschiede oft das, was die Begegnung reizvoll macht. Später erst sind es die Gemeinsamkeiten, die man sucht. Wer sich eingehender mit dem Thema beschäftigen will, dem sei beispielsweise *Du kannst mich nicht verstehen. Warum Männer und Frauen aneinander vorbeireden* von Deborah Tannen ans Herz gelegt.

Spätestens jetzt spüre ich, wie sich die finsteren Blicke einiger Feministinnen auf mich richten. Ähnlich wie das Auge Saurons, das Feuerauge aus *Herr der Ringe*, das wie ein Suchscheinwerfer über das Land streift. Ja, ich glaube an die Evolutionstheorie Darwins. Ein Argument der Feministinnen ist: Die heutige Gesellschaft beruft sich auf eine Wissenschaft, die nur von Männern geschrieben wurde. Dass der Mann früher auf die Jagd gegangen ist und die Frauen zu Hause geblieben sind, sei gar nicht bewiesen! Ich denke, dass es so gewesen ist, akzeptiere aber auch andere, gegensätzliche Meinungen.

Meiner Überzeugung nach gibt es naturgegebene Unterschiede zwischen Männern und Frauen, und das ist gut so. Wie bei Yin und Yang gibt es unterschiedliche Kräfte, die in der Vereinigung dann Energie freisetzen. Gerade der Unterschied zwischen Mann und Frau ist es, der unsere Anziehung erzeugt.

Als Mann suche ich nach weiblicher Grazie, Eleganz, nach etwas Schützenswertem, nach etwas Besonderem. Ästhetik, Anmut, etwas Filigranes, Zerbrechliches – ich suche nach etwas, das in vielen Punkten genau das Gegenteil von dem ist, was ich an mir selbst schätze. Tief in mir drinnen spüre ich den Wunsch, gebraucht zu werden, zu beschützen und anerkannt zu werden. Der Jäger oder Beschützer liegt in meiner DNS. Wollen Frauen diese Rollenaufteilung nicht mehr? Sind wir Männer, die daran festhalten, eine aussterbende Sorte, die letzten Ausläufer des Neandertalers? Es ist sehr gut möglich, dass vieles sozial konditioniert und angelernt ist, dass der Bub schon als Baby eben blaue Sachen bekommt und mit Playmobil-Männchen Indianer gegen Cowboys spielt, während den Mädchen rosa Barbie-Puppen in die Hände gedrückt werden. Trotz allem gibt es aber auch naturgegebene Unterschiede, die von den meisten akzeptiert werden. Als Reaktion – auf sicher lange Benachteiligung der Frauen – jetzt zu versuchen, die Männer zu unterdrücken, ist, glaube ich, nicht der richtige Weg. Eine echte Kampfemanze hat einmal zu mir gesagt: »Wenn ein Mann nicht mit Frauen flirten kann, stimmt was nicht mit ihm.« Eine andere Frau – eher von der Sorte Instagram-Tussi, die täglich ihren Popo abfotografiert – meinte: »Wer nicht gut mit Frauen reden kann, soll gleich zu Hause bleiben!« Viele machen sich über das ganze Thema lustig: »Was, es gibt Selbsthilfegruppen für Männer, wie man richtig flirtet? Ohhh, ihr seid ja sooo arm!« Auf diese intoleranten Einstellungen trifft man heute gar nicht mal so selten.

Es gibt so viele treue, sensible und herzliche Männer, die verwirrt sind und die sich bei solchen Ansagen noch mehr zurückziehen, zum Beispiel in ihre Online-Realität, und am PC ihre Spiele zocken. Dann aber wundern sich die Damen: Wo sind all die guten Männer hin?

Viele Frauen zwängen sich Samstagabend in ein enges Kleid, präsentieren ihren Busen, gehen in den Club auf die Tanzfläche und warten, was passiert. Das ist einfach, oder? Deshalb gibt's auch keinen Applaus für Frauen, die viele Männer abschleppen. Ein Mann wird mit ihr schlafen, solange sie gut aussieht. Es ist keine Kunst. Umgekehrt ist es sehr wohl eine Kunst (deswegen auch Pick-up-*Artist*), weil Frauen anders reagieren, weniger auf Oberflächlichkeiten ansprechen und sorgfältiger auswählen.

Stell dir vor: Ein männliches Gehirn fährt im Ruhezustand seine Hirnströme um 70 Prozent herunter, während das weibliche Gehirn bei 90 Prozent Aktivität verbleibt. Den stumpfen Blick in den Fernseher kennen wir auch eher von uns Männern, wenn wir ehrlich sind, oder? Der Grund ist einfach: Frauen analysieren ständig, quasi unaufhörlich Informationen aus ihrer Umwelt. Das entstammt der Urzeit, als der Mann als Jäger in der Lage sein musste, Beute zu verfolgen und aus der Ferne anzuvisieren.[12] Die Frauen hingegen mussten aus der sicheren Höhle heraus Ausschau nach Feinden und Raubtieren halten. Dies erklärt auch ihr weites Blickfeld. Während wir eher tunnelartig und fokussiert sehen, können Frauen viel mehr Dinge am Rand wahrnehmen. Es gibt so klassische Beispiele aus dem Alltag. Männer finden nichts in Kühlschränken. Wir sind fokussiert auf den Schinken. Der gute Parmaschinken, gestern gekauft. Wo ist er? Wo ist er? Die Jagd ist eröffnet, der Tunnelblick aktiviert. Allein, den Schinken findest du leichter, wenn du einfach mal grob umherschaust.

Auch aus diesem Grund solltest du dich beim Flirt eher seitlich nähern, nicht von hinten oder direkt von vorn. Das wirkt beängstigend auf Frauen, sie nehmen das anders wahr als wir. Wer sich aufbaut und von vorn auf Frauen zustapft, kann durchaus bedrohlich wirken. Das heißt aber nicht, dass du dich wie ein kriechender Gollum anschleichen sollst. Sei selbstbewusst und steh aufrecht und komm zwanglos und locker auf sie zu.

Das weibliche Gehirn kann überdies deutlich besser nonverbale Signale decodieren, besser Lügen entlarven und, wenn nötig, auch beides gleichzeitig. Tatsächlich, wie wir ohnehin wissen, sind die werten Damen Multitasking-Talente. Sie hören auch besser als wir Männer, wohingegen wir bessere räumlich-visuelle Fähigkeiten haben und Geräusche besser orten können. »Konfliktpotenzial bietet das unterschiedliche Kommunikationsvolumen. Eine Frau gibt durchschnittlich 6000–8000 Wörter am Tag von sich, ein Mann kommt mit 2000–4000 Wörtern aus.«[13] Im Gespräch mit Frauen war uns das ohnehin immer klar. Unfassbar, wie viel sie tratschen können! Ich sag das, obwohl ich, wie ich meine, selbst auch gern und lang am Plaudern und Erzählen bin ... Aber wie oft hab ich mir schon gedacht: Warum redet die so viel? Was genau will sie? Warum kommt sie nicht zum Punkt? Sie hingegen wird sich denken: Warum sagt der nichts dazu? Interessiert den das etwa gar nicht?

Die Möglichkeiten, auch in einer Partnerschaft aneinander vorbeizureden, sind riesig. Der Tipp, in einer Beziehung sich ständig auszutauschen und ganz, ganz viel miteinander zu reden, ist durchaus brauchbar. Es geht vor allem darum, Missverständnisse zu vermeiden. Am besten fährst du, wenn du mit offenen Karten spielst: »Bitte, sprich klar und deutlich mit mir. Sag mir konkret, was du willst. Bitte versuche auf rhetorische Fragen und Andeutungen zu verzichten, sondern sprich ehrlich und direkt mit mir.«

Viele Frauen wollen allerdings, dass wir Situationen verstehen, OHNE dass extra darüber geredet werden muss. Tja, du solltest also versuchen, dich einzufühlen und zum Beispiel spüren und wissen, wann sie in den Arm genommen werden will. Das ist vielleicht nicht immer bequem, aber so ist das eben: Eine gute Beziehung zu einem anderen Menschen erfordert Arbeit.

Es gibt Wissenschaftler, die behaupten, dass wir Männer von Geburt an überdurchschnittlich systematisch denken können. Frauen haben im Gegensatz dazu eine angeborene Gabe der Empathie.[14]

Ein Problem wird also unterschiedlich angegangen. Wir Männer suchen oft nach einer sachlichen Lösung, während Frauen eher an das emotionale Befinden derjenigen denken, die in Schwierigkeiten stecken. Frauen fühlen sich in eine Situation ein. Zum Beispiel: Die Freundin/Frau/Lebensabschnittspartnerin kommt nach Hause und jammert, wie schrecklich und mühsam ihr Tag doch war, was nicht alles im Büro schiefgegangen ist und wie gemein ihre Arbeitskolleginnen doch sind. Du fängst sofort an, dir dein Gehirn zu zermatern: Okay, da ist ein Problem. Aufgepasst! Was tun? Wie verdammt noch mal lässt sich dieses Problem lösen? Sie will aber oft lediglich getröstet werden, sie will eine liebevolle Umarmung und keine gut gemeinten Ratschläge. Dieses Problem kannst du ruhig mit der Partnerin besprechen. Wenn sie anfängt mit: »Ich erzähl dir jetzt, was mich traurig macht«, dann begreifen selbst wir, worum es geht und überlegen: »Wie kann ich sie trösten?« Erklär, dass es nie verkehrt ist, uns Männern klar zu sagen, was man von uns möchte.

Es gibt ganz viel Literatur, die sich mit der Kommunikation zwischen Mann und Frau beschäftigt. Nur so viel dazu: Verklausulierte Botschaften und vieldeutige Aussagen, wie sie Frauen recht gern äußern, erschweren es dem Mann, das »Richtige« zu tun – sprich das an, wenn nötig.

Außerdem kannst du dich auf eine Studie der Universität Sheffield berufen.[15] Wenn wir Männer unseren Frauen nicht zuhören, ist das nicht unsere Schuld, nein, unser Gehirn hat einfach Schwierigkeiten, weibliche Stimmen zu verstehen. Männliche Stimmen sind eher monoton und befinden sich meistens in derselben tiefen Tonlage. Die weibliche Stimme ist aufgrund ihrer verschiedenen Tonlagen sehr komplex, sie ist reich an Klängen, sodass Männerhirne schnell ermüden, wenn sie die entscheidenden Informationen heraushören und verarbeiten sollen.

Am Rande sei noch erwähnt, dass Frauen eine höhere emotionale Intelligenz besitzen. Sie wollen Anteilnahme, was für uns mehrheitlich analytisch denkende Männer oftmals ein Problem darstellt. Da gibt's Lösungen, kein Mitleid! Ansonsten schweigt der Mann gern, denn dann kann er in sich gehen und nachdenken. Gleichzeitig dabei plaudern kann er nicht. Auch das ist ein Punkt, den Frauen schwer nachvollziehen können – was viele Männer sicherlich bestätigen würden.

KLASSISCHE FEHLER: BEISPIELE UND VERMEIDUNGSTAKTIKEN

Du weißt vielleicht noch nicht, wie du Frauen vollends von dir überzeugen kannst, aber du weißt womöglich, wie man es nicht macht. Kommen wir zum Eingemachten! Es gibt bestimmte Grundregeln in der Anmache. Regeln, die sich leicht merken lassen und die du dir als allerersten Schritt hinter die Ohren schreiben kannst. Bevor ich auf die typischen Fehler eingehe, will ich kurz den Ablauf eines netten Abends in der klassischsten Flirtsituation überhaupt skizzieren.

Du bist in deiner Lieblingsbar und Folgendes liegt für dich nun im Bereich des Möglichen:

Du siehst eine Frau, die dir gefällt. Du überwindest deine Angst, dann sprichst du sie auch schon an. Das Ansprechen erfolgt so schnell wie möglich! Ansonsten sehen wir sie schon vor uns wie eine unüberwindbare Mauer, die allseits bekannte mentale Blockade. Du achtest beim Flirt auf deine Körpersprache. Die ist offen, vielleicht ein wenig erhaben. Du stehst gerade, hast einen aufrechten Gang. Du denkst, dass diese Frau jetzt die Chance hat, mit dir zu sprechen und dich kennenzulernen. Du hast eine Idee für eine originelle Kontaktaufnahme. Das muss gar nichts Besonderes sein, am besten irgendetwas Situationsbezogenes. Und das Gespräch sollte kein Interview werden, sondern Fragen beinhalten, die sie sonst vielleicht nicht zu hören bekommt. Es geht weniger darum, was du sagst, sondern darum, dass du überhaupt ein Gespräch beginnst und für eine gewisse Zeit aufrechterhalten kannst. Vielleicht kannst du ein wenig Emotion reinbringen, etwas Lustiges erzählen. Oder du hast einen kleinen Witz oder eine nette Anekdote auf Lager? Du bist kein Roboter, du bist nicht fad, du bist ein Mensch, der denkt und fühlt und lacht – genau wie sie. Es ist eine ganz normale Sache, sich zu unterhalten und zu flirten. Wir sind soziale Lebewesen! Stell dich vor, sag, wer du bist, mach ihr ein Kompliment. Es läuft gut, du sprichst Themen an, die sie interessieren. Du wirst privat, kannst das eine oder andere Geheimnis mit ihr austauschen. Du flüsterst ihr ins Ohr und stellst eine Verbindung her. Schließlich kommst du ihr näher, berührst sie, sie blickt dir tief in die Augen, du küsst sie, und am Ende des Abends bekommst du ihre Telefonnummer und vereinbarst ein weiteres Treffen mit ihr, ein Date. Ja, oder du nimmst sie gleich mit nach Hause.

Das wäre natürlich der Idealfall. Nicht immer läuft es so glatt, aber prinzipiell ist es das schon gewesen. Das klingt einfach und unkompliziert. Oder?

Ein weiteres Beispiel. Du bist auf einer Party in einer Großraumdisco. Du bist mit Freunden unterwegs und ihr stellt euch zuerst an die Bar. Du bemerkst eine größere Gruppe von Frauen in deiner Nähe. Du siehst auf den ersten Blick, welche dir gut gefällt – logisch, darauf sind wir alle konditioniert. Wenn du einmal angefangen hast, beim ersten Impuls zwanglos auf Frauen zuzugehen, ist das irgendwann für dich nichts Neues mehr. Wenn du gerade aus einer Beziehung kommst und länger nicht mehr in diesem hormongeschwängerten Disco-Setting unterwegs warst, musst du dich womöglich wieder herantasten. Das ist ganz normal. Was mir persönlich sehr geholfen hat: Ich denke nicht daran, dass die Frau mich bewerten wird. Selbst wenn genau das passiert, ich bin ohnehin immer der, der ich bin. Ich kann in dieser

Sekunde nichts daran ändern. *Stop overthinking*! Lass es einfach geschehen! Und noch einmal: Es ist fast egal, WAS du sagst, es kommt vielmehr darauf an, WIE du es sagst.

Wie sprichst du also die Gruppe Frauen neben euch an? Versuche es vielleicht mit irgendeinem netten Blödsinn à la »Na, ihr habt es ja lustig!« oder »Geiles Lied, oder?«. Das passt natürlich insbesondere dann, wenn du siehst, wie die Frau zur Musik abgeht und mit dem Kopf zum Beat nickt oder lautstark den Refrain mitkreischt. Dann grinst du vielleicht blöd und tanzt ein bisschen mit. Es gibt sicherlich kreativere Anmachen, aber was du sagst und tust, muss vor allem zum Moment und zur Stimmung passen. Mit ein bisschen Glück fällt dir etwas ein, dass sie direkt »abholt«, ihr Interesse weckt.

Ich beginne fast immer mit einem Kompliment oder einem direkten Opener: »Hallo, ich bin der Paul, ich will dich gern kennenlernen.« Für den Anfang ist es vielleicht gar nicht so schlecht, ein paar Sprüche auswendig zu lernen. Es gibt zahlreiche Möglichkeiten für indirekte Opener und Anmachen, aber mit mehr Selbstvertrauen und mehr Übung kommt auch mehr Spontanität und Authentizität in dein *game*, und dann geht es zunehmend darum, dass du weißt, wie deine Ausstrahlung wirkt. Tatsächlich lache ich manchmal nur, sage: »Hallo, die Dame!«, und reiche ihr die Hand.

In unserem Beispiel in der Großraumdisco prostet sich die Gruppe von Frauen gerade gegenseitig zu, dann stellst du dich mit einem Grinser dazu, sagst: »Auf uns!«, und stößt mit allen an. Deine Jungs holst du einfach dazu und in dem ganzen Trubel verwickelst du die Auserwählte in ein Gespräch. Du merkst, sie ist interessiert, da geht was, und dann läuft es ganz von allein.

Wichtig ist, dass du bei einer solchen Aktion nicht aufdringlich oder gar nervös wirkst. Ganz normal, locker und entspannt – es gibt ja nichts zu verlieren. Du bist als Single in den Club gegangen und wirst ihn als Single verlassen, vielleicht aber mit einer Telefonnummer in der Tasche oder einem Mädel im Arm.

In der Disco unterhaltet ihr euch zuerst, ihr versteht euch gut – und der Flirt verwandelt sich auf der Stelle in euer erstes Date (*instant date*). Ihr kommt in einen Rapport, lacht, scherzt und zwinkert euch zu. Eine Spannung baut sich auf, die du dann löst, indem du sie küsst. Idealerweise. Wenn ihr lediglich flirtet, dann drängst du nicht darauf, ihre Nummer abzustauben. Jetzt hast du erst einmal die Möglichkeit, sie kennenzulernen und sie von dir zu überzeugen. Geh mit ihr an einen ruhigeren Platz, wenn es rundherum zu laut ist. Wird sie keck und anzüglich, dann spiel mit. Du hast eine gute Chance auf einen One-Night-Stand (ONS).

Ansonsten bist du nach einer gewissen Zeit offen und ehrlich: »Ich will dich gern wiedersehen.« Ihr tauscht Nummern aus und vereinbart ein klassisches Rendezvous. Ich selbst gehe unheimlich gern auf Dates, mir gefällt das. Ich unterhalte mich gern, das ist wie ein Buch zu lesen. In den lebhaften Erzählungen der Frauen bin ich schon durch die Märkte Marrakeschs gegangen, habe den Grand Canyon bewundert, bin an Australiens Küste einem Hai begegnet. Man tauscht sich aus und lernt neue Meinungen, Lebensgeschichten und Biografien kennen. Das ist knisternd, spannend und immer wieder aufregend und neu – selbst wenn man schon zigmal in genau dieser Bar war oder in dieses Kino gegangen ist.

Du musst für dich wissen, was du willst und wie du es angehen willst. Sex beim ersten Kennenlernen ist eher die Ausnahme, aber vielleicht will sie genau das. Gute Chancen hast du dann, wenn ihr wirklich ein paar Stunden miteinander verbringt und euch intensiv und sehr vertraut unterhaltet. Wenn du ernsthafte Ambitionen hast, dann kannst du dir ruhig einige Dates Zeit lassen, um die Frau kennenzulernen. Auch dazu kommen wir noch ausführlich.

Diese ersten Tipps sind einfach zu erlernen und lediglich als kleiner Exkurs gedacht. Wenn du aufmerksam liest, dann erkennst du, dass der Schlüssel zur Kontaktaufnahme und zu einem angenehmen Small Talk eigentlich nur aus ein wenig Originalität und Humor besteht. Zwing dich nicht, in einen Club zu gehen, der dir nicht gefällt. Unternimm etwas, das dir selbst Spaß macht. Dann findest du auch eher Menschen, die deine Hobbys und deinen Musikgeschmack teilen. Frauen kannst du überall kennenlernen: in einer Bar, über Freunde, bei der Arbeit, auf einem Konzert, in der Schlange bei McDonald's, in einem Café, einem Museum oder einer Kletterhalle.

Aber auf was stehen denn Frauen? Frauen mögen Status, Ausstrahlung und Selbstvertrauen. Frauen mögen auch Geld. Reiche Typen, Chefs, haben eine bestimmte Ich-scheiß-mir-nichts-Attitüde, die anzieht. Macht ist sexy. Frauen mögen aber vor allem Humor. Unser Humor fasziniert sie, denn wir führen damit etwas vor, was ihnen selbst nicht gelingt. Oder sagen wir, womit sich viele Frauen etwas schwertun. Wir Männer können über uns selbst lachen! Wir können uns über uns selbst auf eine ungezwungene und sympathische Weise lustig machen. Wir beherrschen die Kunst der Selbstironie. Das lockert unangenehme Situationen auf und zeugt von einer bestimmten Art von Selbstbewusstsein, das viele Frauen nicht haben, vor allem die feinen Damen nicht, die Ladys, die immer perfekt sein müssen – die allerdings oftmals auch die Hübschesten sind.

Beschäftigen wir uns vielleicht kurz mit diesem sehr heiklen Punkt. Wieso zum Teufel lässt man sich von so einer zierlichen, kleinen Person einschüchtern? Viele Männer kennen das Problem: In Anbetracht einer Frau, die ihnen wirklich gut gefällt, verlieren sie ihre Souveränität. Was bei Daniela Durchschnitt funktioniert, gerät bei Tina Topmodel gehörig ins Wanken.[16]

Wenn eines dieser zauberhaften Wesen plötzlich in natura vor dir steht, dann sinkt dir das Herz in die Hose. Wieder ein ähnliches Szenario: Du gehst mit deinen Freunden in eine Bar. Ihr unterhaltet euch, es ist lustig. Ihr wollt nur zusammen ein Bier trinken. Plötzlich siehst du an der Theke eine wunderschöne Frau. Sie ist allein, trinkt ein schlechtes Mixgetränk und kaut gelangweilt am Strohhalm herum. Während du noch gebannt bist von diesem Anblick und dir einen guten Anmachspruch überlegst, kommt dir langsam der Gedanke, dass du ihr nicht genügen wirst. Je mehr sie für dich strahlt und dich anzieht, desto mehr verlässt dich der Mut. Die Angst überkommt dich – schleichend, aber doch merklich. Du denkst, dass du nicht ihr Typ bist, dass sie dich vielleicht vor deinen Freunden bloßstellen, sich gar angewidert wegdrehen wird, dass sie sowieso einen Freund hat und obendrein wahrscheinlich lieber in Ruhe gelassen und allein ihr Cola-Rot trinken will.

Es ist absehbar: Je länger du überlegst, umso mehr Gründe fallen dir ein, sie NICHT anzusprechen. Schließlich kommst du sogar noch drauf, dass du heute sowieso keine Frau kennenlernen wolltest. Du musst ja morgen arbeiten, oder du hast bald Prüfungen an der Uni. Du musst morgen wirklich früh raus, oder du bist müde vom Sport ... STOP! Wenn du wirklich Pech hast, kommt kurz darauf irgendein anderer Dude, und du darfst den Rest des Abends zusehen, wie die beiden sich blendend unterhalten und vor deinen Augen wild herumknutschen.

Das muss nicht sein und tut weh. Und wenn du es zumindest probiert hast, ist es nur halb so schlimm. Etwas bereuen und sich im Nachhinein über verpasste Chancen zu ärgern, ist ein weitaus unangenehmeres Gefühl. Überleg mal: Zum einen hast du ja nichts, aber auch rein gar nichts zu verlieren, denn wenn du sie gar nicht ansprichst, ist die Chance, dass du sie eroberst, von vornherein gleich null. Es sei denn du beherrscht eine ganz spezielle Art der übersinnlichen Gedankenübertragung und Verführung!? Und komm jetzt nicht mit einem Spruch wie: »Ich hab nichts zu verlieren? Wie wär's mit meinen Stolz?« Stolz kannst du auf dich sein, wenn du es zumindest probiert hast, wenn du dich deiner Angst (und das ist eine Angst, die dich einschränkt) gestellt hast. Du musst etwas unternehmen, um etwas zu erreichen. Frauen brauchen auch heute noch die Sicherheit, dass der Mann sie attraktiv findet. Also sag's ihr! Du musst dich nicht dafür schämen, dass du sie attraktiv findest. Wenn du das charmant rüberbringst, ist das überhaupt kein Ding, und sie ist am Zug. Frauen lieben Aufmerksamkeit. Bei hübschen Frauen ist oftmals ein anderes Kompliment als das offensichtliche angebracht. Dass sie hübsch ist, hat sie schon x-mal gehört, vielleicht entdeckst du im Gespräch, dass sie frech, intelligent oder witzig ist. Sag's ihr!

Du brauchst dich auch nicht dafür zu schämen, dass Sex ein wichtiges Thema für dich ist. Einem Freund von mir war es beispielsweise extrem peinlich, als ihm vor ein paar Mädels mal ein Kondom aus der Geldbörse gefallen ist. Wieso? Wir sind sexuelle Wesen, das ist ganz natürlich. Er hätte lächeln und dazu stehen sollen, dass er gelegentlich Sex hat – oder es zumindest gern hätte. Das ist ja normal, und sich dazu zu bekennen, ist immer noch cooler, als es zu leugnen, und macht so nebenbei, wenn du es souverän anstellst, noch einen guten Eindruck. Viele Frauen sind hier viel verklemmter und bewundern oft einen lockeren Zugang zu dem Thema.

Aber noch mal zurück zu dir und der hübschen Frau in der Bar. Du, mit deinen Freunden inzwischen leicht angeheitert und beim dritten Bier, denkst: Diese Frau muss ich heiraten! Okay! Da können wir drüber reden.

Du kannst die Situation kurz abchecken. Ist sie allein oder mit Freunden da? Wie wirkt sie? Mit ein bisschen Feingefühl kann man in wenigen Sekunden erkennen, ob es passend ist, ein Gespräch zu beginnen oder nicht. Was für den Anfang sehr gut ist: Sucht sie den Augenkontakt? Du erkennst schnell, ob sie offen und zugänglich, neugierig, schüchtern oder auch desinteressiert wirkt. Du könntest doch einfach an die Bar gehen, die nächste Runde bestellen und sie fragen, ob sie sich euch anschließen will. Mit einem Lächeln: »Hey, magst du mit uns was trinken?« Normalerweise fühlt sie sich dann geschmeichelt. Vielleicht kommt ein »Hmm, ich weiß nicht ...« und ein Schmunzeln dazu. Das ist für dich schon das Signal, dass du ein Gespräch beginnen kannst. Frag sie, was sie hier macht, wie es ihr geht, sei einfach sozial! Wenn du das Ganze locker und unbeschwert rüberbringst, kann dir gar nichts passieren. Du bist einfach nur nett!

Nehmen wir den schlimmsten und zugleich unwahrscheinlichsten Fall: Sie dreht sich weg und sagt nichts, oder sie ist wirklich ein sehr gemeiner Mensch und meint herablassend: »Was fällt dir überhaupt ein, mich anzusprechen?« Oder sie mustert dich von oben bis unten, runzelt die Stirn und schüttelt abschätzig den Kopf. Also, das wäre echt der absolute *worst case*, der wirklich äußerst selten vorkommt. Und über so eine Reaktion kann man ja wirklich nur lachen. Das wäre mehr eine Szene für einen Film. Die Dame ist zu bemitleiden. Du kannst lachen oder den Kopf schütteln und dich wegdrehen. So eine Person brauchst du nicht ernst zu nehmen. Wenn die feine Dame unter Menschen geht, dann muss sie unter Umständen damit rechnen, dass sie mit irgendjemandem ins Gespräch kommt. Aber egal. Du kannst nicht jeder Frau gefallen. Möglicherweise hat sie einen schlechten Tag gehabt oder ihr Hamster ist gestorben. *Who cares*? Frag nicht nach, sondern geh deiner Wege.

Kommen wir noch kurz zur Sache mit deinen Freunden. Auch ein eigenes Thema. Sollten deine »Boys« dich böswillig dafür auslachen, dass du einen Korb bekommen hast, dann solltest du überlegen, was das für Freunde sind. Sie müssen dich nicht abfeiern, aber gemeine Schadenfreude ist deplatziert. Dein Anspruch sollte sowieso sein: Ich werde so behandelt, wie ich das will. Ich lass mir weder von meinen Freunden noch von einer Frau auf dem Kopf herumtrampeln. Ja, auch das ist leichter gesagt als getan. Und wenn du ein eher schüchterner Typ bist, den dieses Buch dazu bringt, sich ein wenig zu verändern, sei es im alltäglichen Verhalten, in Flirtsituationen oder auch nur dadurch, dass du dich ein wenig anders anziehst und dein Ding machst, dann wirst du eine Sache recht schnell merken: Die Menschen, die dich anders kennen, werden dich zu Beginn wieder in deine alte Rolle hineinzwängen wollen. Einfach deshalb, weil sie träge sind und die soziale Struktur so, wie sie ist, beibehalten wollen. Aber echte Freunde bleiben bei dir, auch wenn du dich veränderst. Wenn sie dich in der Rolle des schüchternen, unbeholfenen, kleinen Jungen sehen wollen, der keine Frau abkriegt, dann wird sie jede Veränderung stören. Beobachte das und sei entsprechend darauf vorbereitet, mit deinen Jungs ein paar klare Worte zu reden.

BE MORE THAN THE NICE GUY

Ein guter Freund von mir, nennen wir ihn Robert, ist ohne Zweifel lustig, freundlich, intelligent und verfügt über einen ausgesprochen feinen Humor, den auch die Frauenwelt zu schätzen weiß. Robert ist mit vielen Frauen befreundet. Problematisch dabei ist, dass er schon öfter mit Frauen befreundet und freundschaftliche Aktivitäten mit diesen unternommen hat, aber insgeheim in sie verliebt war oder sich zumindest sexuell stark angezogen gefühlt hat. Er landete regelmäßig in der sogenannten *friend zone*, in der Freundesschiene. Ich hab ihm oft gesagt, dass das für mich nie und nimmer möglich wäre, weil ich darunter leiden würde.

Wenn ich eine Frau anziehend finde, kommt recht bald der Moment, wo ich sie direkt anmache, sprich, einen *move* mache. PUAs sprechen auch von »Eskalation« oder *phase-shift*. Es geht prinzipiell darum, klarzumachen, was du willst. Es gibt einen Zeitpunkt im Verlauf einer Bekanntschaft mit einer Frau, in der du das klarstellst, für alle Beteiligten, für sie und auch für dich. Vielleicht weiß sie gar nichts von deinem Interesse. Deshalb erklärst du ihr, dass du keine Freundschaft willst, sondern sie attraktiv findest. Und wie könnte der *move* konkret aussehen? Du vermittelst Interesse, du lädst sie auf ein Date ein, machst ihr Komplimente, strahlst sexuelles Verlangen aus, du flirtest und kommst ihr im passenden Moment näher, um sie zu küssen und so weiter und so fort ... Das ist alles andere als die Basis für eine Freundschaft. Natürlich gibt es auch Freundschaften zwischen Männern und Frauen, aber einen Single-Mann, der mit einer attraktiven Frau »nur« befreundet sein will, halte ich für extrem selten.

Ich kann mich an eine Frau erinnern, die ich wirklich gern gehabt habe und mit der für ein paar Wochen auch etwas lief, bevor sie das Ganze mit dem Klassiker »Wir können Freunde bleiben.« beendet hat. Jeder muss das für sich selbst entscheiden, aber meine Antwort war klar: »Von mir aus gern. Wir können gern in Kontakt bleiben und auch noch etwas unternehmen, aber ich werde mich nicht zurückhalten. Ich finde dich attraktiv, ich möchte weiterhin mit dir schlafen und wenn wir zusammen ›freundschaftlich‹ ins Kino gehen und ich das Gefühl habe, dass ich dich küssen will, dann werd ich das tun. Ich steh zu dem, was ich will.« Ich hab sie natürlich nie wiedergesehen. Das ist schade, aber mir ging's unterm Strich deutlich besser damit. Das hatte für mich vor allem mit Ehrlichkeit zu tun. Es ist wichtig, sich selbst gegenüber ehrlich zu sein, und auch gegenüber der Frau.

Ein solches Gespräch erfordert eine gewisse Portion Offenheit und Mut, trotzdem solltest du es möglichst bald suchen. Wenn du nicht weißt, was jemand von dir hält, dann sorg für klare Verhältnisse. Bei einer Kollegin auf der Arbeit oder in anderen heiklen Konstellationen muss man natürlich vorsichtiger vorgehen, da du sie zwangsläufig weiterhin sehen wirst und möchtest, dass gute Stimmung herrscht. Aber grundsätzlich gilt: Such das Gespräch, mach reinen Tisch und sprich Gefühle klar aus. Dadurch ist der beziehungsweise die andere am Zug. Du hast getan, was du konntest, du stehst zu deinen Empfindungen. Bevor du dir das Gänseblümchen schnappst und dir mittels »Sie liebt mich, sie liebt mich nicht …« die Zeit vertreibst, sprich besser laut aus, was du empfindest. »Ich find dich echt cool.«, »Ich mag dich.«, »Ich find dich attraktiv.« oder um komplett die Hosen runterzulassen: »Ich hab Gefühle für dich.« Dieser Satz hat schon viele Freundschaften zerstört, ist aber ehrlich und gehört meiner Meinung nach, wenn es passt und du dir sicher bist, ausgesprochen. Viel entspannter läuft es, wenn du fragst: »Du, wollen wir zwei nicht mal zusammen etwas unternehmen?« Du kannst dann behutsam die Maske fallen lassen. Und wieder: Sie ist am Zug! Frauen- und Männerfreundschaften sind ein großes Thema, auf das wir jetzt nicht näher eingehen müssen. Natürlich kann eine solche Beziehung auch funktionieren, wenn man sich gegenseitig attraktiv findet. Dafür muss aber die Freundschaft klar abgesteckt sein, keiner darf darunter leiden.

Zurück zu meinem Freund Robert. Vor Kurzem ist er also wieder in die bekannte Situation gekommen, dass er auf die Freundesschiene abgeschoben wurde und das akzeptiert hat. Monatelang hatte er mit Veronika Zeit verbracht. Sie haben zusammen Brettspiele gespielt, über die Arbeit geplaudert und gekocht. Robert hat ihr nie gesagt, dass er sie eigentlich nicht als Freund mag, sondern auf sie steht, mit ihr schlafen will, sie am liebsten gleich seinen Eltern vorstellen und die Heirat planen will. Er hat wirklich darunter gelitten, obwohl ich mir bei der bloßen Vorstellung, dass die beiden zusammen einen Kuchen backen, während er einen Ständer in der Hose hat, das Lachen nur schwer verkneifen konnte. Ich hab ihm zwei Dinge immer und immer wieder gesagt:

1. Hättest du am Anfang gleich einen *move* gemacht, wüsstest du, woran du bist und hättest keine Zeit vergeudet (das bringt dir jetzt allerdings nichts mehr).
2. Stell sofort und bei nächster Gelegenheit klar, welche Absichten du hast. Verführ sie, du scheinst ihr auf jeden Fall wichtig zu sein. Sei ehrlich zu ihr und akzeptiere, wenn nötig, die negativen Konsequenzen.

Das Ganze hat sich noch ein paar Wochen hingezogen, bis der alte Fuchs versucht hat, Veronika bei einem gemeinsamen DVD-Abend zu küssen. So, heute wird's klappen, hat er sich gedacht. Alles vorbereitet, was Feines zum Essen gekocht, alles durchgeplant. Dann liegen sie auf der Couch und er versucht sein Glück. Sie war natürlich schockiert (oder hat zumindest so getan) und hat ihm höflich, aber bestimmt mitgeteilt, dass sie kein Interesse hat, an ihrem Freundschaftsstatus etwas zu ändern. Und dass sie hofft, er werde jetzt nicht allzu verletzt sein. Sie hätte es ihm vielleicht schon früher sagen sollen, aber die Zeit war so schön und sie habe ihn ja auch so gern. Und so weiter und so fort.

Robert war für Veronika ein Freund, kein attraktiver Mann. In ihrer Vorstellung war er kein potenzieller Partner. Das ist halt so, und das muss man akzeptieren. Kopf hoch, darüber nachdenken, warum man in der Freundesschiene gelandet ist, und abhaken. Ob man dann noch mit der Frau befreundet sein will und ob das hilfreich ist, muss jeder für sich selbst entscheiden.

Um dich, lieber Leser, zu beruhigen: Robert hatte einmal auch besonderes Glück. Ein ausgesprochener Glücksfall, der sich während der Ableistung seines Zivildienstes bei der Rettung ereignet hat. Robert waren in seinem Liebesleben so dermaßen viele abstruse Begebenheiten widerfahren, dass ein weniger starker Charakter daran zerbrochen wäre. Er aber ließ sich nie unterkriegen UND (und das ist ganz entscheidend) konnte über seine Missgeschicke lachen. Im Rahmen seines Zivildienstes bekam Robert als Sanitäter im Sommer auf der Wiener Donauinsel einen kleinen Posten zugeteilt. Die Leute kamen ab und zu vorbei, um kleinere Wunden versorgen zu lassen. Und eines Tages kommt eine etwa 40-jährige, sehr attraktive Frau zu ihm (Ja, es war eine MILF!) und bittet ihn darum, sie ärztlich zu versorgen. Robert – der Retter in der Not – kann den Schmerz der armen Frau (sie hatte einen kleinen Kratzer) mit einem einfachen Micky-Maus-Pflaster halbwegs lindern, als sie ihn unvermittelt fragt, ob sie ihm – so quasi als nette Gegenleistung – auch etwas Gutes tun könne? Und was passiert? Sie nimmt den damals 19-jährigen Robert an der Hand, geht mit ihm in sein kleines Sanitäterhäuschen, zieht ihm – zack! – die Hose runter, kniet sich vor ihn hin und … »Mhh, schöner Schwanz!«, soll die Dame der Legende nach gesagt haben.

Was wie ein schlechter Porno klingt, ist wohl tatsächlich passiert und soll nur zeigen, dass, obwohl der Kerl keine Ahnung hatte, wie ihm geschah, und er ansonsten mit den Frauen eher schwierige Erfahrungen gemacht hatte, sich ihm plötzlich und unverhofft diese günstige Gelegenheit eröffnete. Die Story ist in unserem Freundeskreis bis heute natürlich der Bringer und zeigt, und das meine ich mit einem Augenzwinkern, dass man auch mal Glück haben kann und an das Glück glauben darf.

Eine Homeparty ist eine der besten Gelegenheiten, um Frauen kennenzulernen. Ein Freund lud mich einmal spontan zu einer Party in seine WG ein. Ich war nur darauf eingestellt, gemütlich mit ihm ein paar Bier zu trinken, als sich diese Party zu einer reinen Girlies-Night entpuppte. Er hatte zwei weibliche Mitbewohnerinnen, die sämtliche Freundinnen eingeladen hatten. Ich und Marko waren die einzigen zwei Typen inmitten einer kichernden Menge von hübschen Mädels – ein Traum! Eine der Frauen flirtete mit Marko die ganze Nacht, zumindest sendete sie ihm klare Signale. Sie sah ihn mit weiten Augen an, initiierte leichte Berührungen, ihr Körper war ihm zugewandt und sie fragte ihn interessiert aus, doch Marko verstand einfach nicht, worauf sie aus war. Er fand sie megageil, wie er mir zwischendurch mehrmals durch ein stummes und für sie nicht sichtbares »Wow« mitteilte, doch konnte er nicht erkennen, dass sie das genauso empfand und von ihm erwartete, dass er die Initiative übernahm. Je länger sie redeten und je weniger Marko ihre Signale deuten konnte, desto mehr verzog sich ihre Miene. Ihre Gedanken: »Ja, er ist ein nice guy, das ist ein nettes Gespräch, aber das such ich heute nicht.« Ihre Freundin saß mit mir auf einer Couch und raunte mir noch verräterisch ins Ohr: »Sie will heute unbedingt Sex, das hat sie mir vorhin erzählt.« Ich suchte Augenkontakt mit Marko, deutete mit weit aufgerissenen Augen und einem Nicken meines Kopfes in ihre Richtung. Jetzt mach,

Alter! Am Ende seufzte sie nur: »Ich glaub, ich muss dann gehen ...«, fing an, in ihrer Tasche zu kramen und warf ihm dabei noch einen fast vorwurfsvollen Blick zu. Plötzlich brach es aus Marko heraus: »Lass uns mal spazieren gehen!« Er war so laut, dass sich einige der Umstehenden trotz Musik zu den beiden umdrehten. Eigentlich war sein Verhalten süß, und wenn sie ihn wirklich hätte näher kennenlernen wollen, hätte sie das auch tun können, aber ihre Antwort war schlicht: »Ähm, nein!« Sie stand auf und ging wortlos davon.

ALKOHOL IST KEINE LÖSUNG

Ein anderer Fehler, den Steve, ein weiterer Bekannter von mir, leider nur allzu häufig begeht, ist ebenfalls unterhaltsam und gleichzeitig lehrreich. Der Typ geht seit circa vier Jahren regelmäßig in Clubs. Er ist mittlerweile 35 und seine Freundin hat ihn vor schätzungsweise einer halben Ewigkeit verlassen. Die Freundin war natürlich DIE Frau schlechthin und wird von ihm immer noch als Heilige auf ein Podest gestellt. Nun geht er wirklich seit Jahren jeden Samstag aus und hat bis auf zwei sehr schlechte ONS, die alles andere als befriedigend waren, nichts weiter erlebt. Er hat weder ein paar vernünftige Frauen kennengelernt noch war er auf Dates oder hat sich verliebt. Das Setting am Samstagabend gestaltet sich immer gleich: Eine große Party von ausschließlich jungen Männern, die sich zuerst in ein, zwei Bars Mut antrinken und große Sprüche klopfen. Anschließend geht es mit lüsternem Blick und aufgeplustertem Selbstvertrauen in die Disco. Dort werden dann einige Frauen angemacht. Viele sind schockiert, weil die Anmachen dumm und aufdringlich sind. Die Männer reden völlig betrunken irgendeinen Blödsinn daher. Manche Frauen steigen darauf ein und lassen sich einen teuren Cocktail bezahlen, um dann allerdings mit einem frechen Grinsen weiterzuziehen. Es ist schwierig, das Ganze nicht als bittere Realsatire zu betrachten.

Überleg mal: Wo lernt man sich heutzutage kennen? Online über Flirtplattformen, bei Freunden oder natürlich klassisch im Club, in der Disco, in der Bar. Das sind alles sehr gute Locations, um Frauen kennenzulernen. Grundsätzlich solltest du aber IMMER die Augen offen halten, im Alltag, am Arbeitsplatz, beim Sport, überall. Du kennst sicher den Spruch, dass man in der Disco nicht die Frau seines Lebens trifft. Das stimmt sehr wahrscheinlich, denn eine seriöse Beziehung hat dann die beste Basis, wenn man sich schon vorher gekannt hat. Der erweiterte Freundeskreis ist demnach am besten, um sich umzusehen. Du solltest generell darauf achten, dass es Frauen in deinem Bekanntenkreis gibt und vor allem auch in der Gruppe, mit der du ausgehst. Eine Frau beim Ausgehen dabei zu haben, die dir vielleicht auch noch andere Frauen vorstellt, ist perfekt. Eine reine Männertruppe wie Steves joviale Rasselbande, dazu angetrunken und laut, verbreitet Angst und Schrecken – da sinken die Chancen radikal. Wer sich mit den Worten »Zam, zam, zam!« zuprostet und »Zur Mitte, zur Titte, zum Sack – zack, zack!« brüllt, wirkt in der Regel nicht attraktiv auf Frauen! Die Sache mit dem Alkohol ist ohnehin eine heikle Angelegenheit. Zu betrunken geht jedenfalls gar nichts! Ich weiß schon, es redet sich leichter und man wird mutiger nach entsprechendem Schnapskonsum, aber man verliert eben auch schnell die Kontrolle, man stinkt, schwitzt, kann sich nicht artikulieren. Deswegen solltest du beim Aufriss nüchtern und klar sein und es mit dem Alkohol nicht übertreiben.

Die Anmache im Club selbst ist heutzutage wohl die klassischste Form des Flirts.[17] Was die Einladung zum Getränk angeht, welches scheinbar die einzige Masche von Steve und seinen Jungs ist, pflege ich eine gewisse Skepsis. Vielleicht sollte man das beim ersten Kennenlernen eher lassen. Es ist etwas anderes, wenn du beim Date das Kino zahlst oder wenn du deine Freundin zum Essen ausführst, aber der Spruch »Kann ich dich auf was einladen?« suggeriert ja geradezu, dass du die Frau bezahlen willst, damit sie sich mit dir abgibt. Bitte, bitte nicht überstrapazieren!

Zugegeben, die Sache ist situationsabhängig. Du unterhältst dich mit einer hübschen Frau, es passt, es funkt und du sagst dann beiläufig »Trinken wir was!«, dann zahlst du natürlich gern für sie. Denk an deinen gesunden Menschenverstand. Du bist genauso viel wert wie sie. Dein Gefühl wird dir sagen, ob ein solches Angebot passend ist oder nicht. Viele Frauen würden sich, wenn sie einen Mann gerade einmal wenige Minuten kennen, gar nicht einladen lassen, weil sie das Gefühl haben, sich hier in eine Art Abhängigkeit zu begeben. Erwartet der Typ dann etwas dafür? Wobei moderne, aufgeklärte Frauen dann oftmals so reagieren, dass sie die nächste Runde übernehmen. Du kannst ja nach ein paar Minuten erfolgreichem Flirten mal sagen: »Gehen wir an die Bar, du gibst mir einen aus und wir lernen uns besser kennen!« Wenn du es bestimmt und mit einem Lächeln sagst, dann kann es durchaus funktionieren. Wenn sie die Stirn runzelt und antwortet mit »Die Frau lädt doch den Mann nicht ein!«, dann gehst du darauf ein und sagst: »Ach, du stehst auf den Old-School-Gentleman? Darf ich bitten, die Dame?«, und hältst ihr ganz sittsam den Arm hin. Frauen gehen studieren, sie gehen arbeiten, sie verdienen ihr eigenes Geld, damit ist diese altertümliche Tradition des Einladens dahin. Ganz gut fährst du mit: »Die erste Runde geht auf mich!«

Zurück zu Steve: Er und seine Boygroup probieren es auf dem Dancefloor oftmals mit dem sogenannten Antanzen. Sie nähern sich den tanzenden Frauen und schmiegen sich langsam an sie ran. Bei uns spricht man vom »Anbeidln«, schelmisch auch das »Brunftballett des Bonobos« genannt. Bonobos sind übrigens Zwergschimpansen und nach manch wissenschaftlicher Ansicht sexbesessen. In Prolo-Hütten unter Teenies funktioniert die Masche vielleicht auch, nicht aber unter Erwachsenen.

Du musst den persönlichen Raum achten, beim Tanzen, beim Flirten, bei einer normalen Konversation. Sich natürlich zu geben und Körperkontakt herzustellen, ist generell gut. Beim ersten Kennenlernen darfst du aber nicht wie ein Schnellzug loslegen, sondern solltest behutsam vorgehen, charmant, mit einem Lächeln auf den Lippen und einer leichten Berührung nebenbei. Nicht zu viel und nicht zu wenig.

Was machen Steve und Co denn richtig? Ja, du solltest Gelegenheiten beim Schopf packen und deine Chancen nutzen. Und das machen sie ja, wenn auch falsch. Gerade im Club kennt man die Männer sonst scheinbar nur lässig an der Bar lehnend, eine Hand am Bier, dazu einem Freund zugewandt, eine wenig geistreiche Konversation führend. Ab und zu schweift der Blick über die Menge, sie schauen herum, warten ... warten zu lange und die Chancen verstreichen. Nicht hinzugehen, sich nicht zu trauen, das sind die häufigsten Fehler.

Man kann es natürlich auch übertreiben – mit Sprüchen, schlechten Witzen und vieldeutigen Gesten. Hängen geblieben ist mir eine Geschichte aus meinen frühen Zwanzigern, die zeigt, wie ein eigentlich guter Abend im Fiasko enden kann. Sie beginnt wie so viele Aufreißergeschichten: Eines Abends in der Disco ... tanze ich genüsslich vor mich hin, da fällt mir eine Frau auf der Tanzfläche auf, die absolut atemberaubend war. Erotisch, süß, und dann setzt sie auch noch ein laszives Lächeln auf und zwinkert mir zu. Die Frau konnte sich wahnsinnig gut bewegen und hatte die Aufmerksamkeit aller Männer auf sich gezogen. Ich gehe also zu ihr hin und erkläre, dass ich noch eine Partnerin für den Knutschfleck-Contest brauche, der in Kürze startet. Tatsächlich konnten sich an diesem Abend Paare melden, um auf einer Bühne gegeneinander anzutreten. Die Aufgabe: Wer schafft mehr Knutschflecke innerhalb eines Songs? Ich bin bester Laune und für jeden Scheiß zu haben – und sie offensichtlich auch, denn sie nimmt meine Hand, zerrt mich auf die Bühne und dann geht's auch schon los. Das Mädel malträtiert mich, sie saugt an mir und lutscht wie keine Zweite. Währenddessen finde ich's so semigeil. Als wir am Ende aber gewonnen haben, finde ich's super! Zwei Flaschen Bacardi! Hammer!

Ich bin übersät mit blauen Flecken am Hals (dieses Foto bleibt unter Verschluss), knöpfe mir das Hemd bis oben hin zu, wir lachen herzlich und shaken fleißig ab. Es ist lustig. So weit, so gut. Dann mache ich mich kurz aus dem Staub, um mit meinen Freunden an der Bar etwas zu trinken. Die Jungs verabschieden sich, ich will aber noch bleiben, denn nach dem bisherigen Verlauf des Abends bin ich mir sicher, dass ich bei der Saugerin noch unterkommen werde. Ich geselle mich also wieder zu der Hübschen – und muss mir anhören, was mir einfalle, einfach so zu verschwinden und dann auch noch wiederzukommen und zu fragen, ob wir bald zusammen abhauen würden. Was ich nämlich getan habe. Erstes Stirnrunzeln bei mir. Charmant kann ich die Wogen irgendwie noch glätten, indem ich blöd grinse und alle Schuld auf mich nehme. Das hilft oft.

Bei der Garderobe will sie sich noch von ihrer Freundin verabschieden. Ich stehe daneben und schaue vielleicht ein wenig verwundert drein. Dazu ist zu sagen, dass diese Freundin ausschaut wie eine Mischung aus Lady Gaga und Michael Jackson. Schminke wie eine Kriegsbemalung, total übertrieben, für mich viel zu viel. Eine Tussi hoch zehn, 15-cm-Absätze und ein unfassbar arroganter Gesichtsausdruck. Mein Grinsen bemerkt sie natürlich sofort. Sie schaut mich schon böse an und fragt mich mit dieser typisch dümmlichen Tussistimme: »Was lachst so blöd?« Ich: »Na ja, ich lach eben gern.« Sie, nach einer kurzen Pause: »Du Volltrottel solltest froh sein, dass du überhaupt mit uns reden darfst.« Oje ... da ist Gefahr im Verzug. Sag jetzt nichts Falsches, Paulchen, du hast dein Mädel für heute, das ist ihre Freundin, deshalb sei nett, Frau Gaga-Jackson siehst du eh nie wieder ...

Die Freundin hat aber so in der Art weitergemacht. Was ich für ein Prolo sei und überhaupt und hin und her ... Ich erzähle diese Geschichte deshalb, weil ihr Verhalten einzigartig asozial war und mich wirklich provoziert hat. Natürlich hab ich den Mund dann nicht halten können und habe betont höflich gesagt: »Ich mag dich. Wirklich. Weil du außergewöhnlich bist, einzigartig. Ich hab bisher noch niemand getroffen, der so dämlich war ...« Auf die Schnelle ist mir nichts Besseres eingefallen. Und vielleicht hätte ich besser ganz den Mund halten sollen. Denn ich sage euch: Diese Verrückte knallte mir eine Ohrfeige runter, dass man den Abdruck noch eine Woche später gesehen hat. Dann nahm sie quasi im selben Atemzug meine Süße an die Hand und sagte noch: »Mit dem Wichser gehst du nicht mit!« Und weg waren sie! Ende.

Die Story ist mir wirklich in Erinnerung geblieben, auch weil der Abend für mich nur wenig rühmlich weitergegangen ist: Draußen war's saukalt, ich hatte als Student, der ich damals war, keinen müden Cent mehr in der Tasche, dafür war ich komplett besoffen, hatte gezählte 50 Knutschflecke am Hals und musste mit dem Nachtbus fast eine Stunde in meine damalige Wohnung fahren. Mein Hals war natürlich die Attraktion für die besoffenen Partypeople um mich herum, neben mir saß dann noch ein Typ, der die ganze Fahrt hindurch einen erbärmlich riechenden Kebap verspeiste. Und an den Hangover am nächsten Tag will ich schon gar nicht mehr zurückdenken.

EINE ODER KEINE!

Wie lernt man heutzutage Frauen kennen? Man sitzt vorm Fernseher und swipt nebenbei auf Tinder nach links und rechts. Superbequem! Bei Tinder triffst du dich mit Frauen, von denen du weißt, dass sie dich grundsätzlich attraktiv finden, sie haben dich ja »gelikt«, und später nehmen sie sich extra die Zeit, um sich mit dir zu treffen. Wenn du mit ihr länger als ein, zwei Stunden zusammensitzt, ihr etwas zusammen trinkt und euch gut unterhaltet, dann kannst du sie auch küssen. Und wenn sie dich küsst, dann besteht eine recht hohe Wahrscheinlichkeit, dass sie am selben Abend auch mit dir mitgeht: »Ich wohn gleich um die Ecke, wir können gemütlich bei mir noch zusammensitzen, ein Glas Wein trinken und bisschen weiterschmusen.« Deine Tinder-Bar liegt idealerweise wenige Gehminuten von deiner Wohnung entfernt, Wein ist IMMER zu Hause, und die Wohnung ist jederzeit aufgeräumt und herzeigbar. Ein schnelles Abenteuer ist über Online-Dating leicht möglich.

Manche Frauen wollen aus Prinzip nicht beim ersten Date Sex haben, aber sehr gern beim zweiten. Mein Vorschlag ist dann meist: »Wir treffen uns bei mir. Du kochst – ich kauf ein.« Das ist zwar dreist, zeigt aber deinen klaren Willen. Viele Frauen machen das auch gern, sie kochen gern. Eine Dame, nennen wir sie Larissa, kommt ein paar Tage, nachdem wir uns in einer Bar zum ersten Mal getroffen haben, zu mir. Wir trinken ein Glas Wein, unterhalten uns, schmusen ein wenig, sie kocht, ich mach den Salat (um auch etwas beizutragen), wir essen eine vorzügliche Lasagne und haben Sex. Sie weiß, es handelt sich lediglich um eine Affäre, ich bin ehrlich zu ihr, alles ist also gut. Larissa hatte ursprünglich vor, nach unserem Date noch auszugehen, fragt mich gegen 1 Uhr in der Früh aber, ob sie bei mir schlafen kann. Das will ich nicht. Ich lasse mir eine Ausrede einfallen: »Ist eher ungünstig, ich muss morgen extrem früh raus, um einen Zug zu erwischen. Wanderausflug mit Freunden. Um 6 Uhr muss ich aufstehen und noch alles zusammenpacken.« 6 Uhr sag ich, damit es so richtig grauslich und früh klingt. Larissa: »Okay, dann leg ich mich nur kurz eine halbe Stunde hin, ich bin so müde.« Alles klar, kein Problem. Larissa legt sich hin und pennt komplett weg. Ich versuch nach einer halben Stunde, sie wach zu bekommen, dreh das Licht auf, dreh sogar noch mal Musik auf – nichts hilft! Sie ist komplett weggepennt, liegt quer über das ganze Bett ausgebreitet und schnarcht vor sich hin. Gut, ich stell also meinen Wecker auf 6 Uhr und leg mich dazu. In der Früh werden wir beide von diesem grauenhaften Alarmton wach. Ich: »Puh, jetzt muss ich aber wirklich los.« Larissa: »Soll ich dir packen helfen? Haben wir nicht noch Zeit für einen Kaffee?« Nach und nach wird klar, dass die Nacht für Larissa etwas ganz anderes bedeutet hat als für mich. Ich steh also auf und fang tatsächlich an meinen Rucksack zu packen. »Du gehst wandern?«, fragt sie. Ja, klar geh ich wandern, ich liebe es mit meinen kaputten Fußballerknien steile Berge raufzulaufen. Aber das sag ich nicht. Stattdessen packe ich ein: Unterhosen, Socken, Wanderschuhe … eine Regenjacke für alle Fälle. Ich kann es selbst nicht glauben, ärgere mich innerlich, muss aber auch ein wenig über mich lachen, während ich meinen Rucksack vollstopfe. Larissa hilft mit, zusammen sind wir recht schnell fertig. Die Gute will mich noch zum Zug begleiten, das kann ich irgendwie verhindern. Wir verabschieden uns, und ich hau mich erschöpft wieder ins Bett.

Zum Abschluss der Fehleranalyse darf der Begriff *one-itis* aus dem Pick-up-Jargon nicht fehlen. Die sogenannte Eine-oder-keine-Krankheit. Es beschreibt den Zustand, den du und ich und viele andere Männer kennen. Du bemühst dich, läufst einem Mädchen hinterher, das du magst, in das du unheimlich verliebt bist. Sie ist perfekt, sie ist die Einzige. Es kommt nur wenig zurück, du intensivierst deine Bemühungen, obwohl:

- du mit ihr noch nicht intim warst,
- du sie nicht einmal datest,
- sie dich vielleicht nicht einmal persönlich kennt.

Eine solche Frau schuldet dir rein gar nichts. Du wirkst in deinem Handeln besessen, weil du nervös und *needy* wirst, sobald sie nur in deiner Nähe ist. Vor allem wenn es sich um deine Traumfrau handelt, werden die Knie weich, du fängst an zu schwitzen, die Pulsfrequenz ist erhöht, du bist gestresst und denkst daran, nur bloß keinen Fehler zu machen. Du strengst dich irrsinnig an und bemühst dich. Hat es nicht immer geheißen, dass man Frauen den Hof machen muss? Am Ende vertreibst und verschreckst du sie, weil du zu nervös bist, zu sehr am *hard-trying*. Sie wird misstrauisch, was stimmt nicht mit dem? »Am Anfang war er ja süß, aber dann ist er voll komisch geworden.« Ja, klar werden wir komisch! Wir packen es nicht, wie schön du bist, wie elegant, weiblich, magisch, und welche Wirkung du auf uns hast! Du machst uns so schwach, dass unser Hirn in deiner Gegenwart komplett ausfällt.

Was tun gegen *one-itis*? Wortwörtlich heißt es in *The Game*: »The cure for one-itis, PUAs like to say, is to go out and have sex with a dozen other girls – and then see if this flower is still so special.«[18]

Das ist eine Möglichkeit. Du wirst dich in der Nähe deiner Angebeteten definitiv anders fühlen, wenn du andere Frauen erobert hast. Ich glaube absolut, dass man sich ehrlich um einen Menschen bemühen sollte, wenn man es ernst meint. Man zeigt seinen Willen – klar! Wenn ich mir aber anschaue, wie sehr einige Männer unter ihrer *one-itis* leiden, dann ist auch mein Rat: Geh raus und lerne neue Frauen kennen.

Du wirst sehr wahrscheinlich von ihr loskommen und/oder plötzlich anders von ihr wahrgenommen werden. Wenn du einer Frau deine Gefühle offen gestehst und es kommt nicht die erwünschte Reaktion, dann zieh weiter. Hör auf, irgendetwas erzwingen zu wollen. Hör auf, ihr schüchterne Avancen zu machen und ihr Instagram-Profil zu stalken. Was man teilweise für Storys mitbekommt! Du solltest keine Frau idealisieren, schon gar nicht, wenn du sie noch nicht einmal kennengelernt hast!

Man muss bei einem Flirt fähig sein, Bedürfnisse zu wecken. Der Mensch ist egoistisch! Wir müssen bei der Frau Bedürfnisse wecken, die ihrer eigenen Absicht dienlich sind. Sie muss das Gefühl bekommen, dass du der Richtige bist. Was aber von uns zu erwarten ist, ist Ehrlichkeit. Wecke keine falschen Hoffnungen, nur weil du vielleicht derjenige bist, der in der besseren Position ist – weil vielleicht die Frau an *one-itis* leidet und dich idealisiert. Machtspielchen bringen niemandem etwas. Was dich bei einer Frau gestört hat, das zahl nicht anderen Frauen heim, die nichts dafürkönnen. Was du nicht willst, das man dir tut … Du weißt schon. Überleg dir immer, wie es dir gehen würde. Das wäre mir wichtig. Das an dieser Stelle zu erwähnen, bin ich allen Frauen und vor allem meinen Ex-Freundinnen schuldig.

Fangen wir also an, dich zu einem charmanten Aufreißer zu machen!

AUSSTRAHLUNG

DIE EIGENE PERSÖNLICHKEIT

Dieses Kapitel soll dich motivieren. Es soll dir Mut machen und ein breites Grinsen auf dein Gesicht zaubern! Im besten Fall erweckt es »Braveheart« in dir. Stolz, tapfer und mutig treten wir der Welt entgegen und stehen ein für die Dinge, die uns wichtig sind. Es geht in diesem Abschnitt um deine Persönlichkeitsentwicklung.

Bereits angesprochen wurde, worauf Frauen so abfahren. Frauen mögen Status, Humor, Charme ... Sie wollen vor allem aber eine starke Persönlichkeit. Einen Mann, der ihnen den Weg zeigt, einen Plan hat. Ich habe bereits in der Einleitung erwähnt, dass das heutzutage nicht mehr so leicht ist wie früher. Der Mann von heute muss sich in einer Welt behaupten, die so tut, als wäre der starke Mann nicht mehr gefragt. Aber die Wahrheit ist: Er ist noch immer gefragt. Natürlich in anderer Form als noch vor 30 Jahren, ABER der Mann als selbstsicheres, unabhängiges Individuum ist und bleibt die Premiummarke unter den Männern. Darauf kannst du dich verlassen.

Was macht eine starke Persönlichkeit denn nun aus? Ganz einfach: Liebe und tu, was du willst! Und das soll heißen: Halte dich nicht zurück und verhalte dich nicht so, wie es andere von dir wollen. Klar, Kompromisse gehören in jeder zwischenmenschlichen Beziehung dazu, aber verbiege dich nicht. »Der Stefan war schüchtern, ist schüchtern und wird immer schüchtern sein!« Vergiss das! Du nimmst dir den Platz, der dir zusteht. Oder du stehst dazu: Ja, ich bin schüchtern! Du musst dir treu bleiben. Versuche nicht zu gefallen. Sei du selbst.

Nicht jeder will gern im Mittelpunkt stehen, nicht jeder will Konflikte führen, nicht jeder will auffallen ... Das ist auch gar nicht notwendig. Überleg dir, wie du sein willst, sprich mit Menschen, denen du vertrauen kannst, hol dir Feedback ein und dann positioniere dich. Zeige anderen, was dich als Mensch ausmacht. Unterscheide dich! Jeder Mensch ist anders. Finde deinen Platz und lass dir nicht auf die Füße treten.

Ich selbst sage mir immer: Dass ich mich trotz mancher Eskapaden noch im Spiegel anschauen kann, ist das Ergebnis einer gewissen Prinzipientreue. Und das Interessante daran ist, dass diese Eigenschaft auf Frauen unheimlich attraktiv wirkt. Lässt du dir von deiner süßen Sandra alles gefallen, wird sie sich fragen, wie du im Leben klarkommen willst, wenn du dich schon von so einer kleinen zierlichen Person wie ihr herumkommandieren lässt. Zeige maskuline Energie! Du bist frei, unabhängig und im Reinen mit dir und dem Universum. Du hast nichts zu verbergen, du spielst niemandem etwas vor, sondern du zeigst dich, wie du wirklich bist. Im Laufe deines Lebens hat man dir beigebracht, den Mund zu halten und ja nicht aufzufallen. Daran musst du dich nicht halten. Wenn du *Fight Club* nie gesehen hast, dann sieh dir den Film auf jeden Fall an. Der Gedanke hinter der Story ist, dass Dinge durchaus hinterfragt werden dürfen.

BESIEGE DEINE ÄNGSTE!

Eine starke Persönlichkeit steht zu dem, was sie tut. Die Menschen haben in der Regel alle Angst, sind konfliktscheu und vorsichtig. Wichtig für die eigene Persönlichkeitsentwicklung ist, seine Ängste zu erkennen und sich ihnen zu stellen. Die Angst, etwas zu tun, wirst du definitiv nur dann los, wenn du aus dir herausgehst und genau das tust, was dir Angst macht. Komm ins Handeln! Jeder hat Angst, taste dich Schritt für Schritt vor, um deine Ängste abzubauen.

Eine verbreitete Angst ist es zum Beispiel, Frauen anzusprechen. Um das Problem in den Griff zu bekommen, solltest du dich auch hier Stück für Stück vorarbeiten. Sprich zuerst grundsätzlich mit fremden Menschen, und wenn es Männer sind. Lerne und wage dich immer weiter vor. Arbeite mit Affirmationen oder Mantras: »Ich bin voller Selbstvertrauen.«, »Ich bin mutig und stark.« – sag dir das immer wieder nur für dich vor. Wenn du das lange genug machst, verinnerlichst du deine neuen Prinzipien. Du wirst anfangen, wirklich daran zu glauben.

Unsere Angst ist von drei Komponenten geprägt. Zuerst einmal sind da unsere eigenen inneren Zustände und Gefühle. Hinzu kommt unsere Angst, mit diesen Zuständen nicht fertig werden zu können. Und drittens gibt es die Furcht vor den Reaktionen dritter: Wir könnten ausgelacht oder schlechtgemacht werden etc.

Wenn du Angst hast, Frauen anzusprechen, besteht die beste Lösung darin, Frauen so oft wie möglich anzusprechen. BEFREIE DICH VON DER ANGST VOR DEM, WAS ANDERE LEUTE VON DIR DENKEN! Je unabhängiger du bist, desto attraktiver bist du. Wo Angst ist, kann kein Selbstbewusstsein entstehen.

Man hat nicht immer einen guten Tag: Manchmal läuft alles schief, und das Leben scheint einen einfach nur fertigmachen zu wollen. Es gibt Tage, da wird unsere innere Stärke (unsere Kraft und unsere Persönlichkeit, kurz, unser männliches Ego) auf eine harte Probe gestellt. Du bekommst zwei, drei negative Reaktionen von Frauen und fängst an, dich zu hinterfragen. Du entwickelst Selbstzweifel. Es ist jedoch gut und wichtig, ehrliche Kritik anzunehmen und zu reflektieren. Es gibt ein paar wichtige Gedanken, die dir in schwierigen Phasen sehr helfen werden. Zum einen musst du wissen: Du bist nicht allein. Jeder hat Ängste, jeder hat Schwächen, jeder von uns fühlt sich mal allein und verletzt. Manchmal kommt es dir vielleicht so vor, als wären alle Leute bei der Arbeit, im Freundeskreis oder im Club gut drauf. Du fährst mit der U-Bahn und siehst nur verliebte Pärchen und auf Facebook wirst du ausschließlich mit happy-peppy Urlaubsbildern von Verliebten bombardiert. Die Wahrheit ist aber: Jedem geht es mal schlecht. So wie es dir geht, geht es Milliarden Menschen auf der Welt. Vielen geht es sehr wahrscheinlich noch viel schlechter! Du bist nicht allein mit deinen Sorgen. Und wenn irgendwann du einmal derjenige bist, der mit einem Mädchen verliebt durch den Park schlendert, dann siehst du gar nicht den Typen, der euch neidisch hinterherschaut.

Was ich damit sagen will: Es geht uns allen so, mal besser, mal schlechter. Such deinen eigenen Weg zum Glück! Mit den sozialen Medien hat sich viel geändert. Manche Leute müssen andere fast zwanghaft an ihrem Glück, an ihrem Strandurlaub oder ihrem selbst gemachten Avocado-Mango-Salat teilhaben lassen. Ist okay, soll so sein. Aber du suchst dir deinen eigenen Weg!

Wenn es dir schlecht geht, dann vergegenwärtige dir, dass es sich bloß um einen Moment handelt. Du kannst immer etwas tun, um dich besser zu fühlen. Du hast es selbst in der Hand. Es gibt verschiedenste Emotionstheorien. Stell dir deine Emotionen immer als Kurve vor. Eine Kurve verläuft in Phasen. Wenn es dir einmal schlecht geht, dann weißt du, es werden bessere Zeiten kommen: »Es ist nur eine Phase, schon morgen kann's mir besser gehen.« Und wenn du gerade im Hoch bist, dann koste es aus und genieße das Leben, sei bescheiden und dankbar. Atme tief durch und tanke Kraft!

Jeder von uns hat schwere Phasen. Du bist vielleicht einmal wahnsinnig unzufrieden und frustriert mit deinem Leben. Im Moment will einfach nichts funktionieren. Ganz schlimm ist eine unerfüllte oder unglückliche Liebe. Aber auch der schlimmste Liebeskummer vergeht. Du wirst das als Allerletztes hören wollen, wenn du gerade mit gebrochenem Herzen an deinem Bier nuckelst, aber: Es geht vorbei! Einige Zeit tut es weh, extrem weh, und du denkst dir, du hältst es nicht aus. Aber lass den Schmerz doch einfach zu! Das ist ein intensives Gefühl, das man nicht oft im Leben hat, und es zeigt doch eigentlich nur, dass man lebendig ist! Du lebst und das spürst du. Wann hat man sonst im Leben schon so ein intensives Gefühl wie beim Liebeskummer?

Es gibt ja heute auch noch Männer, die es vermeiden, jede Art von Schwäche zu zeigen. Du darfst ruhig schwach sein. Wenn du plötzlich verlassen wirst, ist zuerst ein Schock da, eine Leere, und du beginnst unfreiwillig eine emotionale Achterbahn, die mehr als erschreckend auf dich wirken muss. Es geht rauf und runter, du wirst traurig, dann wütend, dann wieder sentimental … Nach einigen Wochen jedoch wachst du in der Früh auf und dein erster Gedanke ist plötzlich nicht mehr deine Ex. Irgendwie spürst du, es ist nicht mehr alles ganz so schlimm. Das Leben verläuft in Phasen! Das tröstet dich in deinen »Downs«, und während deiner »Ups« erinnert es dich daran, dass du die guten Zeiten auskosten und genießen musst. Glaube an dich und deine Ausstrahlung! Zeige dein Vertrauen in dich selbst!

Selbstbewusstsein ist gekennzeichnet dadurch, dass du weißt, was du willst, dass du »bei dir bleibst«, dich an deine eigenen Werte hältst.

Einen hohen Selbstwert hast du dann, wenn du mit dir im Reinen bist, mit dir und deinem Körper zufrieden UND vor allem nicht abhängig bist von der Meinung anderer. Der erste Schritt zu gesteigertem Selbstvertrauen beginnt deshalb für viele mit regelmäßigem Sport. Du spürst, ob du dich in deiner Haut wohlfühlst. Wenn es nicht so ist, musst du etwas dagegen unternehmen. Erst wenn du dich in und mit deinem Körper wohlfühlst, kannst du gezielt neue Projekte angehen. In der Persönlichkeitsentwicklung gilt grundsätzlich: Komm ins Handeln, tu etwas und hör auf mit dem Nörgeln und Raunzen! Du hast es selbst in der Hand, einen Prozess zu starten, um dein Potenzial auszuschöpfen und die beste Version deiner selbst zu werden. Du musst nicht bis Silvester oder bis zu deinem Geburtstag warten, du kannst jetzt sofort neu starten! Motivationsvideos und »Mentoren« gibt es einige. Für Anfänger sind die Jungs von FlowFinder oder Christian Bischoff auf YouTube durchaus zu empfehlen.[19]

Kommen wir zum weiblichen Blickwinkel. Die Frauen sind oft interessiert daran, uns Männer zu verbiegen. Ja, das hau ich mal so raus. Das gibt es natürlich umgekehrt genauso. Persönlich habe ich aber eher bei Frauen den Versuch bemerkt, ihre Männer zu ändern. Wirklich angezogen fühlen sich Frauen aber von den Männern, die ihnen Halt geben. Auch wenn sich das Supermodel Franziska nach außen hin selbstbewusst gibt und stark und unnahbar auf dich wirkt, so ist sie es in vielen Bereichen vielleicht ganz und gar nicht. Tief im Innern suchen viele Frauen nach Halt und Schutz, nach einem Nest und nach Wärme. Wir leben in einer wahnsinnig oberflächlichen Gesellschaft, aber diejenigen, die darunter leiden, sind nicht so sehr wir Männer. Selbst wenn auf uns ein David Beckham oder Cristiano Ronaldo von jeder zweiten Plakatwand heruntergrinst, für den attraktiven Mann gibt es keinen einheitlichen Schönheitscode und wird es vermutlich auch nie geben – Gott sei Dank. Rein vom Aussehen her hat sich derzeit ein glattrasierter Männerbody mit perfektem Sixpack, vielleicht ein paar Tattoos und stylishem Kurzhaarschnitt durchgesetzt, aber hast du das Gefühl, das alle Frauen danach suchen? Überhaupt nicht! Männer können behaart sein, klein, dick und eine Glatze haben und trotzdem bei Frauen erfolgreich sein. Der klassische Schönling verlässt sich möglicherweise zu viel auf sein Aussehen. Das reicht irgendwann nicht mehr. Ich wiederhole es gern noch einmal: Wir Männer führen ganz viele verschiedene Aspekte der Attraktivität ins Rennen: Humor, Charme, Intelligenz, Status ... Jeder von uns ist in irgendetwas gut, das er nutzen kann, um auf Frauen einen positiven Eindruck zu machen.

Um deine Persönlichkeit gut zum Vorschein zu bringen, musst du vielleicht einiges ändern: dein Auftreten, deine Flirttaktik, möglicherweise auch dein Aussehen. Lass dich dabei nicht von den künstlichen Bedürfnissen der Werbung verführen. Kauf dir nicht ein Produkt, nur weil es jeder hat. Style dir nicht die Haare ganz speziell oder kauf dir diese eine Jacke, nur weil es bei einem anderen Typen gut ausgesehen hat oder weil es dir irgendein TV-Spot ins Ohr flüstert. Lass dich gut beraten, von Menschen, die kompetent sind und denen du vertraust! Eine starke Persönlichkeit bildet sich weiter, ist offen und kritikfähig.

Was ist noch wichtig? Sei aktiv! Passivität bedeutet Stillstand, achte darauf, dass du dich selbst entwickelst und etablierst in dem, was du gut kannst. Wenn du deine eigenen Verhaltensmuster deinen Stärken anpasst, wirst du schon mehr Interesse bei Frauen wecken. Wer zum Beispiel ein kluger *Big-Bang-Theory*-Nerd ist oder total der Wiffzack mit allem, was mit Computern zu tun hat, der nutzt das für sich. Du bist Fußballfan? Steh dazu! Wenn du davon erzählst, zeig deine Begeisterung ... Du stehst auf Autos? Cool! Wenn jemand etwas braucht, kannst du helfen. Du kennst dich aus!

Eine starke Persönlichkeit scheut sich auch nicht vor neuen Erfahrungen. Und noch mal: Wenn du vor etwas Angst hast und du diese Angst bekämpfen willst, dann ist es der erste Schritt, es zu tun! Meistens sind die Dinge nur halb so schlimm, wie man sie sich ausmalt.

Jede Kommunikation, jedes Feedback bringt Erfahrung und lässt die Persönlichkeit reifen. Erweitere deinen Horizont! Ja, den Spruch kennst du. Aber hast du auch mal hinterfragt, was das bedeutet? Stell dir eine Landkarte vor, jetzt, vor deinem geistigen Auge. Manches siehst du klar, da kennst du dich aus, dein Umfeld, deine Gegend, deine Freunde ... Du weißt, was bei dir so abgeht. Andere Dinge auf deiner Landkarte sind etwas unscharf, wieder andere sind gänzlich im dunklen Schatten verborgen. Was gibt es denn noch über die bekannten Gebiete hinaus? Gespräche, Diskussionen, neue Menschen, neue Erfahrungen, Reisen, Bücher ... All das fügt deiner Landkarte Neues hinzu. Sie wird immer größer und klarer, du siehst viel weiter und du selbst wirst dadurch immer mitwachsen. Der schöne deutsche Ausdruck für diesen Vorgang lautet: den Horizont erweitern.

Die interessantesten Menschen, vor allem für Frauen, sind Menschen, die etwas zu erzählen haben, die etwas erlebt haben. Oft sind es Typen, die aus dem Ausland kommen, einfach weil sie exotisch und spannend wirken, eine andere Sprache sprechen. Einer, der gerade ein Jahr zum Surfen in Australien war und dann ins beschauliche Europa zurückkommt – der zieht die Mädels an wie die Motten das Licht. Also geh raus und unternimm was, dann hast du auch was zu erzählen und fragst dich nicht, was du mit den Frauen reden sollst. Erfahrung ist immer positiv, denn über deine Erfahrungen lernst du etwas dazu und kannst dich entwickeln. Demnach bedeutet jede Erfahrung Erfolg. Persönlichkeitsentwicklung ist eine Aufgabe fürs Leben. Du setzt dir Ziele und erreichst sie. Du lebst, genießt das Leben zu 100 Prozent. Du kannst über deinen Schatten springen und dann ... kommt plötzlich der Moment, in dem deine Traumfrau in deinen Armen liegt und sich friedlich an dich schmiegt, und du denkst dir: Unglaublich, ich bin stolz auf mich!

GELANGE ZU EINEM POSITIVEN *MINDSET*

Was bedeutet für dich Erfolg? Das klassische Bild, das viele Männer haben, ist das vom Typen im Anzug und mit teurer Uhr, dazu ein fettes Auto und eine fesche Blondine, die ihn anhimmelt. Ein erfolgreicher Mensch ist für mich ein glücklicher Mensch. Einer, der im Reinen ist mit seiner Persönlichkeit und seinem Leben. Du hast dich mit deiner Vergangenheit auseinandergesetzt, dir auch überlegt, was dich in deiner Kindheit und Jugend geprägt und deine Erlebniswelt beeinflusst hat. Dazu hast du Visionen und Träume, die du zielstrebig verfolgst.

Sich Ziele zu setzen, ist aber gar nicht so leicht. Ziele müssen richtig formuliert werden, und das bedeutet, dass du sie dir nicht etwa im Konjunktiv vorsagst! Ich würde gern, ich hätte gern ... NEIN! Ich werde! Ich tue! Ich mache! Unsere Ziele müssen wahr werden! Keine Negationen bitte. Noch dazu sollten deine Vorhaben am besten detailliert und bildhaft beschrieben werden. Wie fühle ich mich, wenn ich dieses Ziel verfolge? Was habe ich davon? Welche Wirkung wird das Erreichen dieses Ziels auf mich haben? Du wirst sehen: Deine Ziele entwickeln eine Eigendynamik. Mit deinen Zielen und deinen Prinzipien, zu denen du stehst, wirst du unverwechselbar und charismatisch. Egal, welche Aufgabe dir bevorsteht ...

Du hast ein Vorstellungsgespräch, du musst vor Leuten eine Rede halten, du willst eine Frau ansprechen. Geh mit einem positiven Gefühl in die Situation. Niemand kann dir versprechen, dass dir immer alles gelingt, aber mit einem positiven Gefühl an eine Sache heranzugehen, erhöht definitiv deine Erfolgschancen. »Ich werde nie glücklich. Ich werde nie die Richtige finden.« Das sind ungesunde *mindsets*, die deine Chancen vermindern. Ich kenne viele Männer, die eher logisch-analytisch veranlagt sind. Denen sei gesagt: Optimistisch zu denken, erhöht deine Chance, etwas zu schaffen. Also ist ein solches Denken nur logisch. Erfolg beginnt im Kopf. Positive Suggestionen sind Teil eines jeden professionellen Mentaltrainings. Du bist nervös vor einem Date. Wenn du dir vorstellst – dir bildhaft vorstellst –, dass das Date super läuft, dass ihr gemeinsam lacht, euch gut versteht, sie dir zuzwinkert, dann ist diese Realität bereits viel näher und erreichbarer für dich. Wie fühlt es sich an? Was macht das Date für dich toll und schön? Denk dir vor jeder Aufgabe: »Ich schaffst das!«

Kennst du *limiting beliefs*, also einschränkende Glaubenssätze? Das sind Sätze, die dich hemmen und dir selbst deine Grenzen aufzeigen. Wir alle lassen uns von diesen Sätzen einschränken und das ist schlecht. Zum Beispiel: Ich muss das Alphamännchen sein, ich darf nicht nett zu Frauen sein, es kommt sowieso nur aufs Aussehen an, ich bin immer zu schüchtern, mich will sowieso keine ... Bla bla bla! Es gibt zig Beispiele für Sätze, die dir keine Energie geben, sondern nur die Motivation rauben. So was schränkt dich ein und macht dich unflexibel.

Da gibt's jetzt zwei Möglichkeiten: Entweder du glaubst selbst felsenfest an diese negativen Sätze, untermauerst deinen Glauben mit deinen persönlichen Erfahrungen und Erkenntnissen, suchst unterstützende Beweise und fühlst dich dann bestätigt und unsagbar mies. Oder (viel besser) du ersetzt den Blödsinn einfach durch neue Ansichten. Wenn du passiv bist, dann scheiterst du. Das muss fast zwangsläufig so kommen. Wer sich selbst einschränkt, macht sich das Leben unnötig schwer.

DESTROY YOUR EGO! Dein Ego will dich ständig beschützen und nimmt dir dadurch viele Möglichkeiten. Statt sich ständig angegriffen und beleidigt zu fühlen, wenn dein zartes Ego etwas abgekriegt hat, versuch zu einer »I don't give a shit«-Mentalität zu kommen. Wenn du Angst hast, eine Frau anzusprechen, ist es oft nur dein Ego, das dich daran hindert. Es will nicht, dass du in eine unangenehme oder gar unsichere Situation kommst. Scheiß drauf! Ein zu großes und zu empfindliches Ego hemmt deine Entwicklung!

Sei locker, sei selbstbewusst, sei eine Persönlichkeit. Niemand kann dich zurückweisen, du bist stark und kennst deinen Wert. Dir kann eine Frau sagen, dass sie nicht mit dir reden will, dass du nicht ihr Typ bist. Das akzeptierst du. Das ist keine Information über dich, sondern eine über sie. Sie gibt dir eine Information über sich, nämlich, dass sie auf andere Männer steht. In diesem Moment ist sie uninteressant für dich, zumindest als potenzielle Partnerin. Sei nicht beleidigt oder verletzt. Bleib bei dir! Eine wirklich gefestigte Persönlichkeit lässt sich nicht aus der Ruhe bringen! Unsere Unsicherheit angesichts eines vermeintlichen Supergirls hängt oft mit einem falschen Dominanzglauben zusammen, den wir mit schönen Frauen assoziieren. Nur weil sie hübsch anzusehen sind, sind sie um nichts besser als wir. Frauen –

ganz besonders die Hübschen – sind ganz im Gegenteil oft wahnsinnig unsicher. Du als Mann hast es selbst in der Hand, ihr das Gefühl von Sicherheit und Geborgenheit zu geben.

Wie denkst du über dich selbst? Du bist doch jemand, den es sich lohnt, kennenzulernen. Ein Gedanke, der dir Kraft gibt, den du dir selbst vorsagen kannst: »Es lohnt sich, mich kennenzulernen. Ich bin eine interessante Persönlichkeit und habe meine Qualitäten. Eine Frau kann von meinen Stärken profitieren. In meiner Welt zu Gast zu sein, wird ihr Leben verändern und positiv beeinflussen. Ich lasse sie an meinen Qualitäten teilhaben und erwarte von ihr das Gleiche.« Und wer nicht will, der hat schon! Zeig dein Interesse, aber wenn sie dich abweist, oder mit dir spielen will ... ja, dann lass es halt. Lädst du eine Frau zu einem Date ein und sie weicht aus, dann frag nicht noch einmal nach. Das klingt hart, aber die Frage ist: Was hast du davon? Interesse zeigen: ja. Hartnäckig sein: nein. Sie kennt dein Interesse und wird darauf zurückkommen, wenn sie will. Sei nicht sauer oder gekränkt, wenn nichts zurückkommt. Ich war früher oft eingeschnappt, wenn es einmal nicht so gelaufen ist, wie ich es wollte. So auf die Art: »Was glaubt sie überhaupt?« So eine überhebliche Reaktion zeigt dir, dass du eben noch nicht stark genug bist. Lass die Frau auf dich zukommen, wenn sie es will. Du wirst schon merken, wie deine Persönlichkeit auf sie wirkt. Bleib locker, flirte und necke sie, zeig ihr, dass du damit umgehen kannst, wenn nicht gleich etwas zurückkommt. Du kannst vielleicht auch mit ihr über dein gesteigertes Interesse scherzen, wenn sich die Gelegenheit bietet. Geh offen damit um, dass du sie attraktiv findest.

Natürlich dauert es eine Weile, bis man sich diese innere Haltung antrainiert hat. Es ist ein Prozess, an dessen Ende man sagen kann: »Ich bin der, der ich bin, und ich suche jemanden, der mich schätzt und so liebt, wie ich eben bin. Ich verstelle mich nicht.«

Ob wir von einer starken Persönlichkeit oder von hohem Selbstwert sprechen, kommt in diesem Fall aufs Gleiche raus. Es geht um die Einstellung zu sich selbst. Bei dir selbst fängt es an. Erste Maßnahme: Eine positive Lebenseinstellung. Das heißt: Mindestens 20-mal lächeln am Tag – für dich selbst. Die Message, die du deinem Körper über das Lachen vermittelst, ist, dass es dir gut geht. Frag dich: Wie geht es mir? Was brauche ich? Sieh zu, dass du auch dein Vokabular neu anpasst. Wenn dich jemand fragt, wie es dir geht, dann sag nicht einfach »gut« oder »geht so«. Hau mal ein »FANTASTISCH« raus! Achte auf die Reaktion der Leute. Manche wollen nicht, dass es dir »fantastisch« geht. Die fragen sich dann: Warum ist das so? Was ist da los? Warum ist der nicht genauso frustriert wie alle anderen? Und genau das soll nicht deine Sorge sein. Mit einem breiten Lächeln wirst du die Leute vom Hocker hauen.

Komm raus aus deiner *comfort zone*, erweitere deinen sozialen Kreis und deinen Horizont. Die *comfort zone* ist ein Bereich, in dem du dich wohlfühlst, weil du kein Risiko eingehst. Du hast alles unter Kontrolle und kannst nicht verletzt werden. Zu Hause vor deinem Computer und mit deinen Freunden im Online-Chat ist alles in Ordnung. Auszugehen bedeutet für dich vielleicht, dass du diese Zone verlässt. Stress und Angst kommen hoch, und plötzlich bist du in der *danger zone*!!! DANGER ZONE, wie das schon klingt … Ich hab mir das nicht ausgedacht, sondern beschreibe ein psychologisches Modell.[20] Hab keine Angst, sondern entwickle dich! Persönlich kommt man nur dann weiter, wenn man seine *comfort zone* verlässt. Lerne so viele Leute wie möglich kennen, erleb was, erzähl Geschichten, wenn du das gut kannst. Oder konzentrier dich auf andere Skills, auf deine Stärken. Was kannst du gut? Jeder kann irgendetwas gut! Brilliere in deinen Skills, probiere Neues, überschreite deine Grenzen! WOW – was für ein Mensch und was für eine Persönlichkeit!

Was bist du für ein Typ? Nett und zuvorkommend zu sein, ist an sich nichts Schlechtes, aber ab und zu muss man auch auf den Tisch hauen, wenn beispielsweise persönliche Grenzen überschritten werden. Andererseits: Man muss auch nicht immer derjenige sein, der sich in den Mittelpunkt drängt. Gerade Ruhe und Gelassenheit sind männliche Tugenden, die Frauen sehr schätzen.

Deine Einstellung: Ich bin der, der ich bin.

Deine Glaubenssätze:

1. Angst tritt dann auf, wenn eine Veränderung stattfindet und du deine Komfortzone verlässt.
2. Die einzige Waffe gegen Angst: tun, wovor du Angst hast.
3. Der einzige Weg, dich besser zu fühlen: tun, wovor du Angst hast.[21]

Jeder Mensch empfindet Angst in einer unbekannten Situation. Angst erzeugt Motivation, sprich, eine ungewohnte Situation ist die perfekte Möglichkeit für Erfahrung. Ich habe alles in mir selbst, was ich brauche, die Umwelt unterstützt mich dabei – das haben wir schon von Pick-up-Guru Mystery gelernt. Alles ist da. Spaß, Unterhaltung, Lebensfreude, nette Menschen, interessante Frauen, gute Gespräche ... Alles ist möglich.

DER *SHIT-TEST* UND WIE DU IHN BESTEHEN KANNST

Für den letzten Punkt auf dem Weg zu einer reifen Persönlichkeit musst du mutig sein. Denn Frauen können durch eine spezielle Methode selbst den stärksten Mann umhauen, deine Unsicherheit hervorkitzeln und dein Vertrauen in dich selbst schwächen.

Aufgepasst … Fanfarenwirbel … es geht um die sogenannten *SHIT-TESTS*!

Berühmt-berüchtigt und legendär in der Pick-up-Community. Aber was genau ist das eigentlich?

Shit-Tests sind von Frauen unterbewusst konstant angewandte Tests, die deine Männlichkeit auf die Probe stellen wollen, deine Selbstsicherheit und Charakterstärke. Die Frau findet dadurch schnell eine Menge Informationen heraus – mit relativ kleinem Investment. Es ist wie ein schnelles Auswahlverfahren. Die Männer werden durch kleine, unbewusste Fragen in unterschiedliche Kategorien eingeordnet: mögliche Langzeitbeziehung, Affäre, Freund, Weichei zum Ausnutzen, Idiot usw. Sie überprüft, ob deine Welt auf sicheren Füßen steht.

Wer seine Persönlichkeit bejaht und sagt, was er denkt, und danach handelt, den haut so etwas nicht um. Wer viele weibliche Freunde hat, wird ebenfalls besser damit umgehen können. Wer mit Frauen in seinem Freundeskreis aufwächst, der ist resistenter gegenüber weiblichen Finten.

Frauen prüfen ganz einfach und völlig zu Recht, ob du der Mann bist, für den du dich ausgibst. Wenn du dich als der tolle Hecht hinstellst, dem die Frauen nachrennen, der Geld ohne Ende hat und überhaupt der Coolste ist, dann wird deine Gesprächspartnerin prüfen, ob das wirklich stimmt. Denn das ist die einzige Möglichkeit, um festzustellen, wer du wirklich bist. Wenn sie dich direkt fragen, wer du bist, was du machst, dann erzähl behutsam von deinen Erfolgen. Gib nicht an, gib nicht zu viel von dir preis. Frauen überprüfen nach und nach, sie wollen dich langsam kennenlernen und dir dann vertrauen können. Sie suchen nach Widersprüchen in deinem Verhalten – sie müssen wissen, ob du ehrlich bist, kein Blender.

Je weniger du einer Frau vorspielst, desto weniger *Shit-Tests* bekommst du.

Beispiele sind:

»So cool, wie du tust, bist du gar nicht.«
»Du wirst ja gleich rot.«
»So gut trainiert bist du aber nicht.«
»In Wirklichkeit bist du eher der nette Typ.«
»Du bist mir zu verrückt.«
»Du bist komisch.«
»Du bist klein.«
»Du bist dick.«
»Du bist zu alt.«
»Du bist zu jung.«
»Bist du immer so im Bett?«

Wie bestehst du den ultimativen Frauentest? Reagiere nicht mit Logik. Wir reagieren immer mit Logik oder wollen uns rausreden. Ignoriere solche Aussagen lieber. Nimm es Frauen nicht übel! Ganz im

Gegenteil, ein *Shit-Test* zeigt sehr oft grundsätzliches Interesse. Frauen sind darauf konditioniert, dich zu testen. Reg dich nicht auf, sondern lach lieber. Du weißt ja jetzt, dass sie es eigentlich nicht böse meint, sondern dich nur ein bisschen necken will. Lass dich von ihren Ansagen nicht aus der Bahn werfen, sondern ziehe einfach weiter dein Ding durch. Wenn sie etwas erwischt, wo du tatsächlich unsicher bist, dann soll es so sein. Du kannst durchaus Schwächen zugeben, aber du bist nicht abhängig von ihrer Meinung. »Ja stimmt, manchmal bin ich etwas verrückt.« – mit einem solchen Satz nimmst du anderen jede Angriffsfläche.

Entweder eine Frau will dich mit dem *Shit-Test* provozieren oder sie verrät dir ihre Meinung über dich. Meinungen gibt es viele, Milliarden, um genau zu sein. Du kannst dich über vergebliche Versuche, dich zu erschüttern, auch lustig machen – auf selbstironische Art und Weise. Oder du gibst ihr schlagfertig Kontra. Die Antwort muss in jedem Fall innerhalb von wenigen Sekunden kommen. »Du hast recht, so cool wie du werd ich wohl nie sein!«, und dann grinst du und stehst über der Situation. Wenn sie frech ist, kannst du genauso frech sein. Das ist ihre Art, dich herauszufordern.

Frauen scannen dich beim Kennenlernen – sie entdecken Unsicherheit, Widersprüche und Fake-Gehabe. Frauen riechen förmlich deine Unsicherheit und sie wirkt wie ein rotes Tuch. Sie werden misstrauisch. Achtung, Vorsicht! Was verheimlicht er mir? Was stimmt nicht mit ihm? Warum ist er nervös? Ist das ein Perverser, ist das ein Waschlappen, ist das ein »Weirdo«? Von »der ist süß« zu »der ist komisch« ist es nur ein kleiner Sprung. So ticken Frauen. Sie sind darauf gepolt, herauszufinden, ob du mit beiden Beinen im Leben stehst. Wenn du nervös bist, werden sie unruhig. Was spielt er mir vor?

Wenn du beim Flirt allerdings daran denkst, was sie gerade von dir hält, hast du schon verloren. Um sie auf deine Seite zu ziehen, gibt es zwei Wege: Entweder du täuscht sie oder du glaubst an dich und deine Qualitäten. Ich bin nicht für Täuschung, aber *fake it till you make it* ist beim ersten Flirten durchaus okay. Es ist ein langer Weg, bis du wirklich authentisch und innerlich gefestigt bist. Und in dieser Zeit sollst du keine Frauen kennenlernen? Nein, du lernst auch in dieser Phase Frauen kennen. Du bist gerade dabei, an dir zu arbeiten, und versuchst deinem persönlichen Ideal möglichst nahezukommen. Du bist kein Schauspieler, sondern im Begriff, dich weiterzuentwickeln. Und solange du dein Toplevel noch nicht erreicht hast, nutzt du bewusst einige Tricks und nimmst Hilfe an – zum Beispiel durch dieses Buch!

Ich habe in diesem Abschnitt einige große Themen gestreift. Mentaltraining und positives Denken können viel bewirken und schnell Erfolge erzielen. Hierzu gibt es sehr umfangreiche weiterführende Literatur. Es gibt Seminare und Kurse. Trau dich, melde dich dort an, wenn du das Gefühl hast, so ein Kurs könnte dir helfen. Die Entwicklung zu einer starken Persönlichkeit – das Thema, das einen das ganze Leben hindurch beschäftigt. Höre nie auf zu lernen!

Zusammengefasst hier noch einmal drei Sätze, die du dir immer wieder vorsagen kannst:

Ich muss wissen, was ich will.
Ich lasse mich nicht negativ beeinflussen, verdrehen, verändern.
Ich muss wissen, welches Verhalten ich akzeptiere und welches nicht.

AUSSEHEN: KLEIDUNG, KÖRPER, AUFTRETEN

Ich möchte meine Ausführungen zu diesem Punkt bewusst kurzhalten. Hier geht es nämlich rein um die oberflächliche Attraktivität. Viele von uns verlieren ihren Mut einfach nur deshalb, weil ihnen nicht gefällt, was sie da im Spiegel sehen. Aber: Ein attraktiver Mann muss nicht im klassischen Sinn schön sein.

Zwei Dinge sind klar. Erstens: Kleinigkeiten wie der richtige Kleidungsstil, ausreichende Pflege, ein wenig Geschmack und ein sportliches Erscheinungsbild machen etwas aus – und sind für jeden von uns umsetzbar. Ein wenig Disziplin gehört halt einfach dazu. Zweitens: Wir Männer haben noch weitere Waffen, um zu überzeugen! Darüber habe ich schon geschrieben: Humor, Charme, Status. Eine freche Bemerkung charmant verpackt, ein Lächeln und etwas Lebensfreude, diese Dinge verzaubern viele Frauen.

Natürlich mögen Frauen auch Geld. Reichtum bringt Ansehen. Oder sagen wir es so: Ein Nachteil ist Reichtum auf alle Fälle nicht. Viele Männer wollen einer Frau auch etwas bieten. Aber möchte man eine Frau an seiner Seite haben, die einen nicht seiner selbst wegen will, sondern wegen des schnellen Sportwagens oder des prall gefüllten Kontos? Und Geld macht sowieso nicht glücklich ... aber das ist eine andere Sache.

Welche Frauen schauen aufs Geld? Oft sind es diejenigen, die selbst wenig Selbstbewusstsein haben, die nicht sehr selbstständig sind und sich deshalb von ihrem Mann verwöhnen und finanzieren lassen wollen. Unter Umständen gerät man hier an ein verzogenes Prinzesschen, das dieses Verhalten von ihren Eltern so mitbekommen hat. Da muss jeder selbst wissen, ob er das will. Es kann aber auch nur um ein Sicherheitsdenken gehen: »Er wird mir und unseren Kindern ein gutes Leben ermöglichen können.« Viele Frauen fühlen sich zudem ganz allgemein von Macht angezogen. Und Macht kann man auf vielen Ebenen haben. Durch die Kohle, aber auch durch Einfluss, Wissen, einen hohen Bekanntheitsgrad ... All das spielt mit hinein. Macht wirkt sehr über die Ausstrahlung. Mächtige Männer wie Politiker vermitteln ihre Macht über Körpersprache, Gesten und eine spezielle Ausstrahlung. Und das wirkt auf Frauen: »Der hat etwas zu sagen, das find ich sexy.«

Was gutes Aussehen betrifft, hat man als *Prince Charming* natürlich einen Vorteil. Man muss wenig tun, um wahrgenommen zu werden. Das sind die Gene deiner Eltern, du kannst nichts dafür, sieh es als Bonus. Frauen können einen Typen anhimmeln, kaum macht er jedoch den Mund auf und redet zwei Sätze, ist der Zauber schon verflogen, weil er nur Bullshit redet. Genauso geht es aber auch umgekehrt. Eine Frau nimmt einen Mann vom Aussehen gar nicht wahr, lernt ihn dann jedoch kennen, und nach zehn Minuten Small Talk denkt sie sich: Ja, der ist eigentlich ganz nett. Nach weiteren zwanzig Minuten würde sie ihn vielleicht sogar küssen, was am Anfang undenkbar für sie gewesen wäre.

In verschiedenen sozialwissenschaftlichen Studien konnten bestimmte Attraktivitätsfaktoren eindeutig nachgewiesen werden. Als attraktiv werden wahrgenommen:

- vertikale und horizontale Größe der Augen
- Größe der Nase
- Länge des Kinns
- Breite des Gesichts
- Pupillendurchmesser
- Breite des Lächelns[22]

Sei froh über ein attraktives Gesicht, eine gute Figur oder schöne Augen. Steht eine Frau einfach nur auf dein Aussehen, kannst du dir zu Beginn andere Schwächen erlauben. Aber irgendwann reicht das definitiv nicht mehr. Wir Männer sind wahrscheinlich in vielen Bereichen noch ein Stück weit oberflächlicher, auf jeden Fall sprechen wir mehr auf visuelle Reize an, aber eins kann ich dir sagen: So umwerfend und besonders und wunderschön deine Angebetete am Anfang für dich ist, irgendwann gewöhnst du dich an alles. Eine hübsche Hülle reicht nicht aus für wahre Liebe. Okay, hier wird es ein wenig kitschig ... Aber es ist wahr: Unabdingbar für eine gesunde Beziehung ist eine geistige Verbindung. Wenn du gern diskutierst, politisch interessiert oder abenteuerlustig bist, während deine hübsche Partnerin hauptsächlich mit ihrem Make-up und ihrer Frisur beschäftigt ist, wird's schnell fad. Humor ist etwas, das wirklich verbindet. Gutes Aussehen ist vergänglich. Ein gemeinsamer Moment, in dem man lacht, der bleibt mitunter ewig.

Du kannst grundsätzlich mehr aus dir machen. Attraktiv zu sein, heißt gesund zu sein. Du schaust auf dich, pflegst dich. Lebe gesund, schau ein bisschen auf die Ernährung und sei sportlich. Sport zu treiben ist aus vielen Gründen wichtig. Ich bin kein Besserwisser, der dir jetzt einen dieser neunmalklugen Fitnesstipps mitgeben will und dir sagt, was du am besten essen und wie du leben sollst, nur so viel: Gesundes Aussehen ist Attraktivität pur. Informier dich über die zwei Säulen: Bewegung und Ernährung. Das hat viele positive Effekte, für dein persönliches Wohlbefinden und auch für dein äußeres Erscheinungsbild. Wer fit und vital aussieht, wirkt definitiv attraktiver als ein Typ mit grauem Gesicht und Augenringen. Wer Sport treibt, kann sich an anderen Tagen auch mal gehen lassen. Such dir etwas, was dir Spaß macht: Fußball, Joggen, Klettern, Karate, Yoga, oder mach Kraftsport. Ganz besonders »in« sind heutzutage Outdoor-Fitness-Apps, personalisierte Angebote oder gleich eine Mitgliedschaft in einem Fitnesscenter. Informier dich gut und übertreib's nicht! Es ist super, einen trainierten Körper zu haben. Es schaut toll aus, wenn man eine gute Haltung hat, die Brust breiter ist und das Hemd gut anliegt. Ein pointiert trainierter Oberkörper, mit gutem Bizeps, dazu ein schönes Hemd, das du ein wenig aufgeknöpft lässt – perfekt!

Zu einem guten Training gehört aber nicht allein der Fokus auf eine breite Brust. Eine gute Haltung ist ebenso wichtig, also vergiss den Rücken nicht, und wer die Beine außer Acht lässt, schaut aus wie ein Ball auf Stelzen. Zusammengefasst: Mach nicht irgendeinen Scheiß im Fitnesscenter, den dir Freunde oder YouTuber raten. Hau dir nicht Unmengen von Proteinen rein und trainier nicht nur eine bestimmte Muskelpartie. Zumindest zwei Mal in der Woche für 50 Minuten ins Fitnesscenter zu gehen und die Basics mit je einer Übung zu trainieren – das hilft schon viel. Zum Ausgleich kannst du noch ein bisschen Laufen gehen. Ein, zwei Stunden Sport in der Woche sollten es schon sein.

Nicht wenige Frauen wollen allerdings gar keinen durchtrainierten Sixpack und hassen die arrogante Zurschaustellung der Muckis auf Instagram. Für sie sollte ein Mann gar nicht allzu schön sein, denn den hübschen Part in der Beziehung übernehmen doch eigentlich sie. Eitel zu sein steht übrigens nur wenigen Männern gut zu Gesicht. Eitelkeit wirkt schnell abtörnend und unsympathisch.

Manche Frauen stehen ganz besonders auf eher dickere Typen, manche dezidiert auf eine behaarte Brust, manche wiederum auf die Bad Boys mit Piercing und Tattoo. Frauen haben ganz unterschiedliche Geschmäcker. Geht es um einen One-Night-Stand oder ums Online-Dating, gibt es natürlich ein bestimmtes männliches Schönheitsideal, suchen sie aber einen Partner, wollen sie sich mit diesem Mann vor allem wohlfühlen. Die Optik ist nicht das Entscheidende.

Wenn du an dir etwas ändern willst, dann ändere etwas. Und zwar jetzt sofort! Wenn du das Gefühl hast, du willst mehr tun, dann heb deinen Arsch und beweg dich. Lauf einfach mal los, coole Musik, Kopfhörer auf, und ab geht's! Du wirst dich, wenn du regelmäßig Sport machst, wohler fühlen. Du musst nur diese kleine Hürde am Anfang überwinden. Wenn du mal drin bist, dann motivierst du dich schon. Mach dir einen Fitnessplan. Nach etwa einem halben Jahr merkst du bei entsprechender Disziplin echt schon große Fortschritte. Du wirst anders auf deine Mitmenschen wirken. Du wirst Komplimente bekommen. Ein guter und gesunder Body kommt immer gut an.

Schau dir an, was deine Stärken und deine Schwächen sind. Hast du vielleicht eine angenehme tiefe Stimme, einen tollen Sinn für Humor? Strahlst du Ruhe und Sicherheit aus? Oder eine recht einfache Frage: Hast du Stil? Will heißen, das richtige Styling für den richtigen Anlass? Das richtige Auftreten im richtigen Moment? Ein gepflegter Mann in einem feinen Anzug wirkt einfach anziehend. Wenn du zum Beispiel in einen Club gehst und nichts falsch machen willst, dann schau dir vorher Partyfotos von der Location an. Wie sind die Leute angezogen? In der Regel bist du für einen Clubbesuch gut gestylt und auf der sicheren Seite, wenn du dir schöne braune Schuhe, eine Jeans und ein einfarbiges Hemd anziehst. Dazu eine Armbanduhr – fertig! Keine übergroßen und hässlichen Digitaluhren bitte! Wenn eine Armbanduhr, dann ein schöne, klassische, die auch ein bisschen etwas kostet. Optische Gegensätze machen das gewisse Etwas aus. Ein blonder heller Typ fährt mit einem schwarzen Hemd gut, einem dunkelhaarigen Mann steht das weiße Hemd oft besser. Wer es genauer wissen will, kann zu einem professionellen Stylingberater gehen. Grundsätzlich ist beim Styling ein bisschen Disziplin und Geschmack gefragt. Du nimmst nicht einfach nur das Erstbeste aus dem Kleiderschrank heraus. Stylingexperten sprechen von rund 10 bis 25 Must-haves, die ein Mann zu Hause haben sollte:[23]

- zumindest einen guten Anzug
- eine schöne Armbanduhr
- schwarze und braune Lederschuhe
- eine coole, kurze Hose (Ich weiß, manche haben da Hemmungen, es schaut teilweise kindisch aus, aber es gibt mittlerweile Chino-Shorts in jeder Form und Farbe, und manchmal ist es einfach zu heiß für eine lange Hose.)
- einen schönen Mantel
- einen teuren Gürtel (der hält dann aber auch ein Leben lang)
- eine Männertasche (Der Uni-Rucksack passt irgendwann nicht mehr.)
- ein, zwei Jeans, die wirklich gut sitzen
- eine Auswahl an gut sitzenden Hemden
- einfarbige T-shirts, die dir gut passen (Wem es steht: Viele Mädels stehen bei der T-Shirt-Form auf V-Necks.)

Kauf dir nichts, was zu klein oder zu groß ist, sondern kauf die Größe, die gut sitzt. Ein schlabbriges, zu weites Hemd ist schon lange nicht mehr modern.

Dazu kommt die Pflege. Hygiene ist essenziell. Passt alles? Haare, Nägel, Zähne? Es sind die kleinen Dinge, die den Unterschied machen.

Männer müssen nicht hübsch sein, sie müssen attraktiv sein, das heißt, gesund aussehen und einen Kleidungsstil entwickeln, der zu ihnen passt. Unterstützt du das mit einer selbstbewussten Stimme, dem richtigen Tonfall, feinsinniger Wortwahl und einem sicheren Auftreten, hast du das, was man einen positiven, überzeugenden *frame* nennt: deine Wirkung auf andere, dein Weltbild, deine Ausstrahlung, dein Selbstbewusstsein. Schönheit kommt tatsächlich von Innen. Deine innere Kraft, dein Stolz, dein Mut, deine Leidenschaft, deine Begeisterung – das alles sind Dinge, die unmittelbar als attraktiv wahrgenommen werden. Du musst in anderen das Feuer entfachen, das in dir brennt! Selbst wenn du einer Frau, die sich überhaupt nicht für Fußball interessiert, mit strahlenden Augen vom gestrigen Match erzählst, kann sie das begeistern …

Der Vollständigkeit halber – was Frauen an uns attraktiv finden:

- knackiger Hintern – auch hier ein unterbewusster Reiz: Ein knackiger Hintern bedeutet ordentlich Stoßkraft.
- volles Haar (verspricht gute Gene)
- breite Schultern, muskulöse Arme, die ihr Sicherheit geben und sie halten können
- Gesundheit! Wirke ich müde, belastet? Bin ich schon grau im Gesicht vor lauter Stress?

- athletischer Körperbau
- sinnliche und freundliche Augen – Frauen suchen IMMER nach Gefühlen in den rauen, männlichen Gesichtszügen.
- ausgeprägte Nase und Kinn – weist auf einen hohen Testosteronspiegel hin
- schmale Hüfte, muskulöse Beine
- flacher Bauch
- großer Penis – sicher kein Nachteil
- Dreitagebart (steht manchen Männern einfach extrem gut)[24]

Wenn du jetzt merkst: Okay, schön und gut, was tun? Davon habe ich rein gar nichts, keinen flachen Bauch, keine Muskeln, noch nicht mal einen Dreitagebart … dafür aber eine große Kartoffelnase und Segelohren … Keine Panik!

NOCH MAL: Arbeite an dir, treib Sport, lass dich bei deinem Style beraten, finde deinen Weg …

Was das Aussehen betrifft, ist immer etwas möglich. Es kann sein, dass du dafür deine Art aufzutreten ändern oder einige Dinge in Angriff nehmen musst, die du vor dir hergeschoben hast. Vielleicht ist dein Lieblingspulli nicht mehr das Gelbe vom Ei. Nimm Kritik an! Zahnarzt, Hautarzt, Friseur können bei verschiedenen Problemen helfen! Schöne Zähne und ein sympathisches Lächeln sind wichtig! Die Mundhygiene einmal im Jahr kostet zwischen 60 und 120 Euro – und kann Wunder wirken.

Wechsel einfach mal den Friseur deines Vertrauens, schreib dich für einen Sportkurs ein und führe nach und nach ein paar kleine Veränderungen durch. Probier was Neues! Finde deinen Stil! Das, was gut zu dir passt und auch deine Persönlichkeit unterstreicht. Als Mann sind wir nicht das schöne Geschlecht! Aber jede Frau merkt, ob du ein wenig auf dich achtest. Ob du dich selbstsicher bewegst, dich wohlfühlst und dich nicht verunsichern lässt. Wenn du innerlich gefestigt bist, dann strahlst du das auch aus. Und dann bist du auch ein attraktiver Mann.

Auf der anderen Seite: Lass dich nicht von der Schönheit der Frauen täuschen! Je attraktiver eine Frau oberflächlich für uns ist, desto besser werden wir sie nämlich insgesamt bewerten, als Mensch, als Partnerin. Das nennt man Halo-Effekt, ein sozialpsychologisches Phänomen. Da spielt uns unser Gehirn einen Streich. Unterbewusst nehmen wir automatisch an, dass schöne Frauen auch interessant und warmherzig sind und deshalb gut zu uns passen. Stimmt nicht! Wenn eine Frau hübsch ist und wir sie sonst überhaupt nicht kennen, nichts über sie wissen, dann ist sie vorerst einfach nur hübsch. Nichts anderes. Und so hübsch und toll, wie sie im ersten Moment auf uns wirkt, ist sie nicht immer. In Wirklichkeit sogar sehr selten.

In der Früh, nach dem Aufstehen, schau dir deine nächste Eroberung bitte genau an. Denn so wird sie im Alltag aussehen! Und nicht aufgebrezelt, geschminkt, geföhnt und gestylt. Sie wird nicht immer im feschen Minirock daherkommen, sondern auch mal im bequemen Jogger. Frauen betören dich am Anfang vielleicht durch ihr Aussehen. Wenn es zwischen euch klappt, wird das jedoch immer unwichtiger. Gutes Aussehen ist nicht entscheidend – weder für dich noch für deine Partnerin.

STRATEGIE

DAS NÖTIGE HINTERGRUNDWISSEN

Nachdem du dein äußeres Ich zur eigenen Zufriedenheit – und zur Zufriedenheit der Frauenwelt – aufpoliert hast, gilt es nun, die tatsächlichen Waffen der Einflussnahme zu schärfen.

Wir haben schon ein paar Punkte behandelt: Wir haben über das Basiswissen geplaudert und sind dann auf unsere Persönlichkeit und unser Aussehen eingegangen. Wissen und Ausstrahlung haben wir also schon. Für die Erfahrung bist du selbst zuständig, dazu werde ich dir ganz am Schluss nur ein paar Tipps geben können. Erfahrungen musst du selbst sammeln. Was dir zunächst aber noch fehlt, ist der spannendste Teil, der taktische Abschnitt, das, was man das Salz in der Suppe nennen könnte: deine Strategie, um eine Frau zu erobern.

Egal, was du als Mann tun willst, es hat irgendwann, irgendwo schon einmal einen Typen gegeben, der genau dasselbe Problem gehabt und dafür eine Lösung gefunden hat. Bis jetzt kennen wir uns nur grob aus. Wir wissen, woher die Flirt- und Anmachbasics kommen, und wir wissen, an welchen Punkten wir arbeiten und was wir ausstrahlen müssen, um entsprechend überzeugend zu wirken. Jetzt legen wir uns noch ein paar kleine Tipps und Tricks zu. Wir sind Strategen mit Herz!

Ein oder zwei Elemente deiner Anmachstrategie kannst du zu Beginn gleich der Verkaufspsychologie entnehmen: Positives Konnotieren deiner Wörter sowie die Kenntnis der Handlungsmotive deines Gegenübers sind extrem wichtig, wenn du ein längeres Gespräch führst. Das bringt rascheres Verständnis und eine freundliche Gesprächsatmosphäre. Du achtest also darauf, dich positiv auszudrücken, und vermeidest am besten manche Wörter oder Redewendungen, zum Beispiel: »Kein Problem.« »Sehr gern!« oder »Natürlich!« ist einfach besser, vor allem wenn du es mit einem Lächeln verbindest. Warum? Das Wort »Problem« ist grundsätzlich negativ behaftet. Wenn es tatsächlich ein Megaproblem gibt, das wie ein Elefant im Raum steht, dann sprich besser von Anliegen, Herausforderung, Aufgabe oder Frage. Der unangekündigte Besuch der Schwiegermutter zum Beispiel kann so umschrieben werden. Auch das Wort »müssen« solltest du eher umgehen. Niemand *muss* irgendetwas tun. Vielleicht wäre es aber besser oder man *sollte* es tun. Beim Wort »müssen« kann bei vielen Frauen ganz unbewusst der Widerstandsreflex gegen belehrendes und obergescheites Verhalten aktiviert werden, und das willst du nicht wirklich herausfordern – glaub mir! Was die Handlungsmotive anbelangt, kannst du dich ebenfalls der klassischen Herangehensweise aus einem Verkaufsgespräch bedienen: Niemand tut oder unterlässt etwas, ohne einen Grund dafür zu haben. Niemand kauft eine Leistung, ohne irgendeinen Nutzen herauszuziehen. Hinter jedem menschlichen Tun stehen einige wenige Leitmotive, und die müssen ... äh ... *sollten* wir kennen:

- Gewinn
- Sicherheit
- Bequemlichkeit
- Gesundheit
- soziale Interaktion
- Neugierde
- Anerkennung

Oft ist nicht nur eins, sondern mehrere dieser Leitmotive im Spiel. Aktives Zuhören ist deshalb gefragt! Wie der Verkäufer versuchst du darauf zu achten, durch welches Motiv unsere Kundin geleitet wird. Dies ist alles andere als einfach. Aber mit ein wenig Geduld und stetem aufmerksamen Zuhören wirst du die Frauen mehr und mehr durchschauen und verstehen können. Schließlich wirst du darin so gut sein, dass du wissen wirst, wann du kurz mal abschweifen und das gestrige unfassbar spannende Fußballspiel im Kopf Revue passieren lassen kannst, um dann PLÖTZLICH wieder voll da zu sein und im richtigen Moment eine Zwischenfrage zu stellen. Beispiel: Sie erzählt ganz aufgebracht von ihrer Freundin Conny, die sich mit einer anderen Freundin, Moni, gestritten hat, weil Moni nämlich Connys neuen Freund Konrad nicht zu ihrer Geburtstagsparty eingeladen hat. Konrad stört das eigentlich nicht, er wollte an dem Tag ohnehin mit seinem Kumpel Michael etwas unternehmen, weshalb wiederum Conny auf Konrad sauer ist … Hä? *What?* Was?

Sofern du bei der Geschichte überhaupt mitgekommen bist, gibt es eine klassische Männerreaktion. Du suchst sofort nach einer Lösung für dieses »Problem«, das dir zugetragen wird – aber auch nur, weil du die Frau neben dir so gern magst, denn unter uns gesagt, geht dir die Story am Arsch vorbei. Aber keine Sorge: Es ist einfach nur Gossip. Hör zu und fühl dich ein. »Wie geht es Conny jetzt?« – eine solche Nachfrage zum Beispiel könnte in der Situation ganz gut passen, oder?

NONVERBALE KOMMUNIKATION

Du bist aktiv, du achtest darauf, dich positiv auszudrücken, und du hörst ihr zu. Nun gibt es einen weiteren Punkt, den es zu beachten gilt und auf den wir bereits mehrmals zu sprechen gekommen sind: Die nonverbale Kommunikation. Der Begriff ist nicht eigens definiert, er wird quasi durch den Ausschluss von Sprache umschrieben. Es geht, mit anderen Worten, um die »nichtsprachliche« Kommunikation. In der Kommunikationsforschung wird der Begriff der nonverbalen Kommunikation für alles verwendet, was Kommunikation, aber nicht Sprache ist. Es gibt hierbei mehrere Teilelemente:

- auditive Mitteilungen: sogenannte vokale Signale wie individuelle Sprechweisen und der Tonfall
- visuelle Mitteilungen: gegliedert in Kinesik (Mimik, Gestik) und Proxemik (interpersonale Distanz, räumliches Verhalten)
- taktile Mitteilungen (Körperberührungen)
- olfaktorische Mitteilungen (Geruchsempfindungen)
- thermale Mitteilungen (Wärmeempfindungen)
- gustatorische Mitteilungen (Geschmacksempfindungen)

Zusammenfassend: Nonverbale Kommunikation besteht aus mehreren Teilelementen, die gemäß der Funktion der Sinnesorgane erklärt werden können, also auditiv, visuell usw. Die Körpersprache wird oft synonym für nonverbale Kommunikation verwendet, ist aber, wie wir nun wissen, lediglich ein Teilbereich. Bei der Körpersprache handelt es sich um jene nonverbalen Signale, die ausschließlich durch den Körper mitgeteilt werden.

Okay, so weit, so gut. Wieder aufs Einfachste heruntergebrochen: Es gibt fünf konkrete Formen der nonverbalen Kommunikation, die von den Psychologen Ekman und Frisen in ihrem Buch *Unmasking the face*[25] herausgearbeitet wurden – und allesamt sind sie beim Flirten wichtig:

Zuerst die **Mimik**. Du bist ein fröhlicher Mensch – dann zeig das auch. Das ist gut. Lächle, strahle, freu dich! Die Mimik ist die wichtigste Informationsquelle beim Erkennen und Deuten von spezifischen Emotionen im Gespräch. Das Gesicht ist aber gleichzeitig der größte und geschickteste Lügner. Mithilfe zahlreicher Gesichtsmuskeln können nuancierte Gesichtsbewegungen ausgeführt werden, die die verschiedensten Gefühle ausdrücken. Das Gesicht besteht aus drei Teilen, die unabhängig voneinander agieren:

1. Stirnbereich
2. Mittelgesicht (Augen- und Nasenbereich)
3. Mund und Kinnpartie

Es werden im Wesentlichen sieben Hauptgruppen von Gesichtsausdrücken für Emotionen unterschieden: Freude, Überraschung, Angst, Trauer, Wut, Abscheu und Interesse.

Die zweite Form der nonverbalen Kommunikation ist der **Blickkontakt**. Augen sind der wichtigste Bezugspunkt im Gesicht während eines Kommunikationsprozesses, sie vermitteln nicht nur eigene mimische Ausdrücke, sondern erkennen auch die mimischen Ausdrücke des Kommunikationspartners. Natürlich gibt es geschlechtsspezifische Unterschiede im visuellen Verhalten, die in verschiedenen Studien nachgewiesen werden konnten.[26] Frauen suchen und erwidern demnach häufiger Blickkontakt oder halten ihn länger aufrecht als

Männer. Prinzipiell schauen Frauen ihre Gesprächspartner häufiger an als Männer und sind auch mehr von visueller Rückmeldung abhängig. Frauen sagen etwas und blicken dir in die Augen, um deine Reaktion zu sehen. Erwidere den Blickkontakt, schau ihr von einem Auge ins andere und wieder zurück, das macht es einfacher. Bei häufigem Blickkontakt fühlen sich Frauen wohler und äußern sich über intime Angelegenheiten, während dies bei Männern nicht der Fall ist oder teilweise das komplette Gegenteil zutrifft! Kommt uns bekannt vor, oder? Wenn uns eine Frau mit ihren Blicken durchbohrt, überlegen wir zuerst, was wir verbrochen haben könnten.

Die dritte Form: die **Gestik**. Die meisten unserer Gesten sind kulturell beeinflusst oder sozial erworben. Es gibt grundsätzlich drei Gruppen: Embleme, Illustratoren und Adaptoren.

Embleme sind Handbewegungen, die direkt verbal übersetzt werden. Beispielsweise steckt hinter dem Tippen an die Stirn die bewusste Absicht, eine bestimmte Botschaft an eine bestimmte Person zu senden. Nämlich: Du spinnst, du hast einen Vogel! Illustratoren hingegen sind eng mit der Sprache verbunden und unterstützen, widersprechen oder ersetzen das Gesagte. Sie werden vor allem dann verwendet, wenn der Sprecher nicht die richtigen Worte findet. In Italien zum Beispiel (oder generell in südlichen Ländern) sind Illustratoren wie ständige Handbewegungen fast allgegenwärtig und steter Begleiter des Gesagten. *Mamma mia*! Adaptoren sind schließlich Bewegungen, die oftmals gelernt wurden, um Emotionen zu kontrollieren, und werden wenig bewusst eingesetzt. Sie können Hinweise auf unbewusste Konflikte geben, zum Beispiel kratzen sich Personen bei Wortfindungsschwierigkeiten oft am Kopf, wodurch aber das allgemeine Erregungsniveau gesteigert und das gesuchte Wort tatsächlich leichter gefunden wird.

Die vierte Form der nonverbalen Kommunikation ist der **Körperkontakt**. Taktile Kommunikation spielt eine wesentliche Rolle im nonverbalen Verhalten, normalerweise ist eine Berührung etwas sehr Soziales, in der Öffentlichkeit (zum Beispiel in der vollgestopften U-Bahn) trifft dies jedoch nicht zu. Auch hier gibt es geschlechtsspezifische Unterschiede: Auf die Berührung durch eine Person des Gegengeschlechts, die der Empfänger nicht kennt, reagieren Männer und Frauen unterschiedlich. Männer empfinden eine solche Berührung als angenehm, Frauen eher als unangenehm und zudringlich.

Die fünfte Form: **Körperbewegung – Körperhaltung – Körperorientierung – räumliches Verhalten**. Besonderes Augenmerk liegt hier auf dem räumlichen Verhalten, auch Proxemik genannt. Hierzu gehört vor allem das Territorialverhalten, das jene Zone markiert, die eine Person in bestimmten Situationen für sich beansprucht. Der Bereich unmittelbar um den Körper markiert den persönlichen Raum. Jeder Mensch schafft eine Zone um sich herum, wenn er zum Beispiel in eine Bar kommt. Du kannst diese Zone Aura oder Ausstrahlung nennen. Das Eindringen in diesen persönlichen Raum wird als störend empfunden, beispielsweise wenn sich eine unbekannte Person zu nahe neben einen stellt oder setzt. Wiederum davon ausgenommen sind Situationen im öffentlichen Raum (überfüllte Busse, U-Bahn), da hier die »Eindringlinge« nicht als Personen, sondern vielmehr als physische Objekte gesehen werden. Wenn du allein auf einer Parkbank sitzt und es setzt sich jemand nah neben dich, fühlt es sich wahrscheinlich schon wieder anders an.

Dann gibt es noch das persönliche Territorium, zum Beispiel das Haus oder das Auto, in dem wir uns sicher fühlen. Das gilt zeitlich beschränkt auch für einen Tisch in einem Lokal, einen Sitzplatz im

Kino usw. Diese Territorien werden mittels diverser Gegenstände wie Zigarettenschachteln, Geldbörse, Jacke formal markiert.

Um noch einen weiteren Fachbegriff einzubringen, sei die Kinästhetik erwähnt. Abermals geht es dabei um Körperkontakt, und zwar um den gezielten. Die Kinästhetik wird in der Pick-up-Kultur gesondert betrachtet. Sie ist das Studium der Bewegung und der Wahrnehmung. Oder auch: die Macht der Berührungen. Das ist ein extrem wichtiger Punkt!

Die Kinästhetik ist eine Kunst, die angeboren sein kann, aber auch erlernbar ist. Wer sich damit gut auskennt, kann Menschen leicht beeinflussen. Warum? Für Menschen werden Dinge erst durch Berührungen richtig real. Anfassen ist gleich Begreifen! Wenn du deinen Arm um eine Frau legst, teilt sie alle Gefühle mit dir, jede Erfahrung während eines Gesprächs zum Beispiel. Sogar wenn sie eigentlich gar nicht beteiligt ist. Das kannst du sehr gut bei Paaren beobachten, die stehen oft eng beieinander, halten Händchen oder haben den Arm um die Hüfte des anderen gelegt, während sie mit anderen Personen sprechen. Dabei fühlen sie sich wohl und sicher UND sie verbinden die angenehmen Gespräche mit ihren Freunden auch mit dem Partner.

Das Wichtige dabei ist: Berührungen müssen schnell kommen, nicht unsicher und zögernd. Es muss leicht und natürlich geschehen. Und was nun schon klar sein sollte: Berühre jeden! Damit wirkst du, damit bist du präsent, damit wissen andere, dass du da warst! Berühre auch andere Männer – einfach die Hand geben, auf die Schulter klopfen, was auch immer ... Mächtige Männer, Politiker wie ein Vladimir Putin, machen das ständig. Achte mal darauf, wenn du die Nachrichten verfolgst. Jemanden berühren heißt: zeigen, dass man da ist und wahrgenommen werden will. Das wirkt diskret und dynamisch. Durch Körperkontakt vermittelt man Selbstvertrauen.

Dieses Verhalten ist aber auch in die andere Richtung von Bedeutung. Lass den Menschen ihren Freiraum! GANZ WICHTIG! Kleb niemals an einer Frau dran, schau, dass du dich ab und an entfernst, wenn du mit ihr auf eine Party gehst oder ins Museum. Du bist keiner, der ihr hinterherrennt. Wenn sie wieder zu dir will, wird sie schon kommen. Und vielleicht kommt dann auch ein freches »Jetzt bleib bei mir!« und dazu ein süßes Grinsen.

Das waren grob umrissen die wichtigsten Formen der nonverbalen Kommunikation. Sofort, wenn du eine Frau kennenlernst, wirkt diese Kommunikation. Sofort und unmittelbar!

Eine Frau checkt dich innerhalb von wenigen Sekunden ab!

Sie fängt mit deinen Augen an. Sind sie freundlich, kalt, abgehoben, arrogant, unsicher? Sucht er meinen Blick, oder schaut er gleich weg?

Sie mustert dann den Körper. Kleidung, Brust, Leistengegend, Frisur ...

Weiter geht's zu den Händen. Gibt's einen Ehering? Ist der Mann gepflegt? Hat er saubere Hände und Fingernägel? Wie wirken seine Gesten?

Schließlich schaut sie auf die Schuhe! Schuhe sind wirklich wichtig für Frauen. Uns Männern sind unsere Treter ja oft egal, aber die richtigen Schuhe für den richtigen Anlass zeugen von Stil.

Zu guter Letzt erkennt die Frau sofort, welche Haltung der Mann einnimmt. Wie führt er seine Bewegungen? Unsicher, dominant?

Das alles geschieht hauptsächlich unterbewusst. Deshalb gilt es Folgendes zu verinnerlichen: Vermittle eine gewisse Autorität! Das heißt: Aufrechter Gang, stabile Haltung, Schultern zurück, gerader Blick. Nimm dir den Platz, den du brauchst. Du brauchst nicht wie der gorillahafte Bodybuilder herummarschieren, der sich seitlich drehen muss, um durch eine Tür zu passen. Aber du solltest dich auch nicht kleiner machen, als du bist. Nimm dir dein Terrain, stell nervöse Ticks ab. Wenn du nicht weißt, welche das sind, frag Freunde oder andere Frauen, was ihnen auffällt. Die einen müssen ständig das Handy in der Hand halten, andere kauen lautstark Kaugummi oder müssen eine Zigarette nach der anderen rauchen. Wieder andere fahren sich ständig durch die Haare oder knacksen mit den Fingerknöcheln. Wenn du nicht weißt, was du mit deinen Händen machen sollst, steck sie einfach locker in die Hosentasche. Es kann in einem bestimmten Kontext unhöflich wirken, aber das ist keinesfalls so schlimm, als irgendwo nervös herumzufummeln. Vielleicht kennst du das von dir oder von Freunden, die, wenn sie das erste Mal mit einer Frau reden oder sich in einer größeren Runde vorstellen müssen, leicht hibbelig werden. Und da gibt es dann die Spezialisten, die in solchen Momenten gern ein Glas umwerfen oder stolpern. Ganz ruhig! Beweg dich konzentriert und angemessen. Wenn du die Arme verschränkst, dann mach es weiter unten, als direkt über der Brust. Verschließ dich nicht, sondern sei offen. Angriff ist die beste Verteidigung, vor allem, wenn du nervös bist.

Entschlossener Gang, beeindruckende Gestik, sicher geführte Bewegungen – du bist ein Mann, ein ruhender Pol, dich haut so schnell nichts um, dich wirft nichts aus der Bahn. Und wenn dir mal ein Missgeschick passiert, dann sei's drum! Steh drüber. Und auf keinen Fall lässt du dir das Herz von überheblichen und arroganten Frauen brechen. Du lächelst, bist positiv, bist neugierig und trotzdem stabil? Sehr gut!

Deine nonverbale Kommunikation sagt mir, dass du ein echt cooler Typ bist. Es sind die kleinen Dinge, an denen jeder arbeiten kann. Kleine Verbesserungen, die dir schon helfen können. Du kommunizierst mit deinem Körper, deinen Blicken, deinen Berührungen und deinem Auftreten. Sieh das nicht als möglichen weiteren Schwachpunkt, sondern als Chance, als weitere Möglichkeit, zu glänzen und zu überzeugen.

DER FLIRT

Aber nun zur Sache! Das Flirtverhalten – eine Wissenschaft für sich. Wenn du es ganz simpel betrachtest, geht es nur darum, mit einem anderen Menschen in Kontakt zu treten und diesem mitzuteilen, dass man potenziell interessiert ist. Fast jeder Mensch sucht einen Partner, und wenn du, beispielsweise, eine schöne Frau in einem Club triffst, dann hast du auf jeden Fall das Recht, sie anzusprechen. Und auch sonst: im Alltag, im Supermarkt, auf der Straße, in einer Bar, im Zug. Wo auch immer. Ein Kompliment, ein nettes Wort, ein kleiner Witz – solange du höflich bleibst und nicht aufdringlich wirst, kann das alles nur gut sein. Natürlich auch im Chat, online, übers Handy …

Der größte Vorteil bei der Kommunikation mit Menschen ist, wenn man Menschen mag. Das klingt banal, aber wer andere Menschen mag, der flirtet auch gut. Man kann nicht alle Menschen gern haben und das ist auch überhaupt nicht notwendig. Es ist absolut in Ordnung bei der Vielzahl an Ansichten, Meinungen und Interessen, wenn man gewissen Menschen aus dem Weg geht. Eine grundsätzlich offene, positive, neugierige Person hat aber einen enormen Vorteil. Nicht jeder ist eine solche Person, und nicht jeder kann eine solche Person werden. Aber verabschiede dich von jeder Form des kleinkarierten Denkens und bewerte andere Leute nicht allzu schnell.

Wovor haben Männer Angst? Wir haben keine große Lust, bewertet zu werden, denn das kann unfassbar hart sein. Viele Männer sind frustriert, denn sie denken: Wenn ich jetzt zu ihr hingehe und einen

Korb bekomme, dann fühle ich mich, als wäre ich kein echter Mann. Schlimmer noch: Dann habe ich erst recht den Beweis, dass ich es nicht draufhabe. Und deswegen halten sich viele von vornherein zurück. Dabei ist der Gedanke ein großer Unsinn! Du bist ein Mann und bleibst ein Mann! Steh zu dir und zu deiner Sexualität. Du darfst flirten und Frauen ansprechen. Das macht dich zum Mann, du tust, was du tun willst. Du handelst. Du willst sie kennenlernen – dann mach es!

Das Gefühl, sich selbst überwunden zu haben, ist relevant für deine Männlichkeit. Du hast dir gezeigt, dass du es kannst. Was dann passiert, weiß du nicht. Jedenfalls nichts Schlimmes! Die Reaktionen anderer können wir nie vorhersagen. Wir neigen jedoch dazu, die Dinge negativer zu bewerten, als sie in Wirklichkeit sind oder sein werden. Beschäftige dich gar nicht erst damit, was ihre Antwort sein könnte. Der beste Aufreißer ist der, der die meisten Körbe bekommen hat! Weil genau der die meiste Erfahrung hat. Keiner von uns wird jemals in der Lage sein, JEDE Frau zu erobern, aber mit der Erfahrung erhöhst du signifikant deine Chancen. Ein kleiner Gedankentrick, der helfen kann: Wenn du eine Frau ansprechen willst, dann nimm dir vor, wie mit einem Freund zu reden. Rede mit ihr wie mit einem Kumpel. Du willst nichts von ihr, du hast keine anderen Absichten, als dich mit einem Kumpel zu unterhalten.

Oder: Du stellst dir vor, dass du eine feste Freundin hast. Du sprichst die Frauen nicht an, weil du etwas von ihnen willst, du hast ja bereits jemanden.

DAS ERSTE KENNENLERNEN

Um gut flirten zu können, solltest du ruhig und selbstsicher sein. Wer hektisch und nervös ist, der überträgt das auf andere. Komm runter! Bleib ruhig mit Hilfe von Meditation, Atemtechnik, Supplements oder Tees. Informier dich und finde deine Kraftquelle. Ein wenig Schüchternheit kann ja auch süß sein, aber sie sollte dich nicht daran hindern, schlagfertig und spontan zu sein. Schüchternheit kommt eigentlich daher, dass man das Gefühl hat, zu wenig Gemeinsamkeiten mit seinem Gegenüber zu haben. Wenn man Gemeinsames entdeckt, wenn man bemerkt, dass es gemeinsame Leidenschaften, Interessen und Erfahrungen gibt, entsteht daraus Respekt und Anziehung. Die Frau, mit der du dich unterhältst, kann noch so schön sein, am Ende seid ihr beide Menschen auf dieser verrückten Welt. Oft wird man mit dem Alter ruhiger, denn man weiß: nichts wird so heiß gegessen, wie es gekocht wird. Die Frau mag bezaubernd aussehen, aber davon gibt es viele, und ob sie dazu cool und lustig ist, musst du erst herausfinden. Arbeite dich nach und nach voran. Lerne Small Talk und bring dich in neue Situationen. Wenn du schon Panik bekommst, sobald du an tanzende Frauen, laute Musik und eine glitzernde Discokugel denkst, dann musst du kleiner anfangen.

Du fragst wildfremde Menschen auf der Straße nach dem Weg. Du fragst deine Arbeitskollegen, wie es ihnen geht. Du lernst auf einfachstem Weg zu kommunizieren. Baue deine Scheu ab. Gehe Schritt für Schritt, aber steigere dich stets. Irgendwann wirst du auf diesem Weg gezwungen sein, etwas zu unternehmen. Irgendwann wird der Frust zu groß, irgendwann ist auch der Ärger über dich selbst so groß, dass du dir denkst: »Scheiß drauf!« Du überwindest dein Ego, deinen Stolz, deinen inneren Schweinehund und sagst einfach mal Hallo zu einer Frau. Irgendwann ist es dir egal, dass du zurückgewiesen werden könntest, weil du eh nichts mehr zu verlieren hast. Wer glaubt, dass er selbst der Tollste ist, der hat beim Ansprechen einer Frau einiges zu verlieren. Es besteht immer die Möglichkeit, dass dieses Selbstbild erschüttert wird. Also: Nimm dich selbst nicht so wichtig!

Die erste Hürde ist für die meisten die schwierigste. Man spricht von der *approaching anxiety*, der Angst vor dem ersten Schritt. Überleg dir, warum du diesen Schritt nicht machst, überleg dir, warum du gerade die eine Frau, die dir besonders gut gefällt, nicht ansprichst. Gesteh dir ein, dass du Angst hast. Das ist okay, geh drüber. Willst du dich von Ängsten einschränken lassen? Willst du dir die Chancen und Möglichkeiten in deinem Leben nehmen lassen? Wenn du ganz bewusst zusiehst, wie du Chance um Chance verstreichen lässt, dann kommt irgendwann ein trotziges Gefühl hoch, vielleicht auch Wut auf dich selbst. »Jetzt mach, du blöder Penner!« Sag dir etwas vor, das dich pusht, sobald du nur merkst, wie die Angst langsam hochkommt. Finde deine eigene Motivation! Und dann arbeite dich vor, behutsam, indem du dich Tag für Tag steigerst – oder du gehst auf eine *crash and burn mission*. Einfach mal drauflos, einfach hingehen, nicht überlegen, was du sagst, was du machst. Einfach mal hin zu ihr und den Mund aufmachen. Starte mit »Hallo« und sieh zu, was passiert. Garantiert bist du danach noch am Leben, garantiert wird dir körperlich nichts fehlen. Garantiert bist du aber auch um eine Erfahrung reicher. Du bist nicht mehr derselbe Mensch wie zuvor. Wenn du dir denkst: Ich will mich einfach nur mit ihr unterhalten, ich will sie kennenlernen – dann hast du vor niemandem etwas zu verheimlichen. Du brauchst dich nicht für dein Vorhaben zu schämen und du musst sie nicht irgendwie austricksen oder sonst etwas. Das ist eine ganz normale soziale Intention. Natürlich hast du im Hinterkopf, dass sie attraktiv ist, aber versuch das beiseitezuschieben. Es geht zuerst einmal darum, dass ihr euch kennenlernt und herausfindet, wie ihr tickt. Es geht darum, Vertrauen aufzubauen – BAUE RAPPORT AUF!

Wo lernt man am besten Frauen kennen? Heutzutage läuft ganz viel über Online-Plattformen. Die Klassiker Disco oder Bar sind bekannt, es gibt Single-Treffs, Single-Wandertage, Kochkurse für Singles. Die beste Möglichkeit, eine Frau wirklich ungezwungen kennenzulernen, sind aber deine Freunde. Lass dich verkuppeln von der Freundin eines Freundes, such dir weibliche Freunde, die dich unterstützen. Der Pick-up-Klassiker ist die Suche nach Verbündeten. Du suchst dir andere Männer, die dich mitziehen, die auch den Wunsch haben, Frauen kennenzulernen, die dir Mut zusprechen und mit denen du dich über Erfolg oder Misserfolg austauschen kannst. Ein guter *wingman* ist ein Typ, der positiv ist, der dich bestärkt und zum Beispiel mit der Freundin redet, während du mit deinem Aufriss ins Gespräch kommst.

Auch ein Tanzkurs kann bei einem Mann Wunder wirken. Übers Tanzen kann man mit Leichtigkeit Frauen kennenlernen, außerdem erweiterst du deine Skills. Du hast ein größeres Repertoire, wenn du zum Beispiel Salsa lernst. Es kommen ganz neue Locations, Partys und heiße Latinas für dich infrage. Geh auf Homepartys, anlässlich einer Wohnungseinweihung oder eines Geburtstags. Solche Events sind eine tolle Chance, neue Frauen zu treffen und zu flirten. Man hat vielleicht gemeinsame Freunde oder Bekannte, die ganze Flirtsituation ist natürlicher als etwa in einer Disco, man kommt locker ins Gespräch und sieht, ob man sich gut versteht und ob Interesse da ist. Und wenn man merkt, ja, da kommt etwas zurück, wird man im Gespräch persönlicher. Man bandelt an und fragt dann ganz beiläufig, ob man nicht mal zusammen einen Kaffee trinken könnte (es kann auch ein Punsch, ein Sex-on-the-Beach-Cocktail oder ein warmer Kakao sein). Und direkt fragen musst du gar nicht. Am besten du schlägst etwas vor – statt danach zu fragen und zu hoffen, dass eine positive Rückmeldung kommt. »Lass uns mal zusammen was trinken gehen!«, »Lass uns Nummern austauschen!« – das ist weitaus mitreißender.

Auf der Arbeit gibt es hübsche Kolleginnen, oder du freundest dich über neue Hobbys mit neuen Leuten an, wirst aufgenommen in neue Peergroups. Wenn du einen *move* machst, dann gehst du ganz offen damit um, dass du sie attraktiv findest. Eine unangenehme Situation erzeugst du viel eher, indem du sie nicht persönlich nach einem Date fragst, sondern sie zum Beispiel über Facebook/Instagram anschreibst. Die Grundregel bei solchen Social-Media-Manövern: Nichts texten, was du ihr nicht auch persönlich sagen kannst! Ich kenne einen Typen, der wahnsinnig in eine Arbeitskollegin verschossen war, aber über Monate nicht mehr als zwei Sätze mit ihr geredet hat. Kaum hatte er zwei Wochen Urlaub, schrieb er sie dann an und fragte nach einem Date. Das geht nicht! Sie dachte natürlich: Warum hat er mir das nicht ins Gesicht gesagt? Dass du feige bist, ist dabei gar nicht das Schlimmste. Aber sie denkt: Komischer Typ, etwas stimmt nicht mit ihm! Frauen werden da schnell vorsichtig. Klar, es gibt ja auch viel zu viele strange Typen da draußen! Noch einmal: Bleib ohne Widerspruch, tu nicht cool und selbstbewusst beim Schreiben, wenn du es nicht bist. Schreib nur das, was du auch aussprechen könntest, und sprich nur aus, wozu du auch stehst!

Beim Flirten wird es peinlich und unangenehm, wenn du eine Frau vor eine Entscheidung stellst und Druck machst. Lach über dich selbst, sei selbstironisch, lach mit ihr darüber, dass du offensichtlich auf sie stehst. Sei nicht verzweifelt oder fang nicht an, mit ihr zu argumentieren oder gar zu streiten. Solange du mit einer Frau noch nicht intim warst, bleib immer gechillt! Flirte und schau, was zurückkommt. Arbeite mit dem, was sie dir freiwillig gibt. Ganz wichtig beim Flirten: *No reaction seeking*! Hör auf, eine Reaktion auf dich erzwingen zu wollen. Hol dir deine Bestätigung nicht bei wildfremden Menschen, die du nicht kennst. Wenn du sie angesprochen hast, dann blick sie nicht flehend an wie ein kleines Hündchen: »Bitte, bitte hab mich lieb!« Keine Frau schuldet dir etwas! Geliebt und akzeptiert zu werden, ist natürlich ein menschliches Bedürfnis, aber du bist selbst dafür verantwortlich, dass es geschieht. Sei selbst dein größter Fan, ohne dabei abzuheben oder dich über andere zu stellen.

Und egal, wie toll und atemberaubend sie ist, du musst beim Flirt bereit sein, sie zu verlieren. Denk nicht daran, dass du die Sache auf keinen Fall vermasseln willst, sondern freu dich darauf, vielleicht eine Frau kennenzulernen, die zu dir passt. Außerdem musst du bereit sein, ein Risiko in Kauf zu nehmen. Wenn sich eine Frau deiner Aufmerksamkeit und deiner Gefühle zu sicher ist, dann wirst du uninteressant. Gib nicht mehr, als sie gibt, bleib dir treu, das macht dich attraktiv!

Wenn eine Frau etwas von dir verlangt beim Kennenlernen, wenn die Situation etwas von dir verlangt, was du eigentlich nicht tun willst oder normalerweise nicht für andere Leute tust, dann lass es. Das Gleiche gilt für das *text game*: Wenn du einer Frau eine Nachricht schickst und sie etwas fragst, und es kommt nichts zurück, dann hat das einen Grund. Sie kann die Antwort vergessen haben, du bist womöglich uninteressant für sie, oder sie hat einfach keine Zeit oder Lust. Warum solltest du dann noch einmal nachfragen und noch mehr investieren? Wenn ein Mensch einen Schritt von dir zurückweicht, was machst du dann? Dann bleibst du stehen. Du gehst nicht sofort auch einen

Schritt zurück und schließt für immer die Tür – tschüss und baba! Und du gehst auch keinen Schritt auf sie zu. Du bleibst stehen und wartest erst einmal ab.

Situationen, in denen du flirten kannst, in denen du auf mögliche Partnerinnen triffst, gibt es zuhauf. Du hast also – wo auch immer – eine Frau gefunden, eine Frau, die dir gefällt, und jetzt lässt du deinen Charme spielen. Egal, wo und wie du flirtest. Im Prinzip geht es darum, der Frau zu sagen, dass sie dir gefällt. Und der erste Schritt ist trotz zunehmendem *empowerment* der Frauen eben zumeist uns Männern überlassen. Bringst du dein Interesse halbwegs charmant, elegant und glaubhaft rüber, hast du den allerwichtigsten Teil schon geschafft. Denn nun ist sie am Zug.

Versuch es bei der süßen Arbeitskollegin. Versuch es im Alltag. Den Mut zusammenzunehmen und im Starbucks zur hübschen Frau mit dem Café Latte hinzugehen – das kostet natürlich eine Riesenüberwindung. Wenn du diese Hürde aber ein-, zweimal übersprungen hast, dann begreifst du, wie natürlich ein solches Verhalten ist, und denkst gar nicht mehr groß darüber nach. »Das könnte peinlich werden.«, »Ich gefalle ihr sicher nicht.«, »Sie wird mich womöglich zurückweisen.« – diese Dinge kommen dir bald gar nicht mehr in den Kopf.

In der Pick-up-Community wird gepredigt, grundsätzlich jede Situation zu nutzen. In der U-Bahn eine wildfremde Frau anzusprechen und mit ihr vor den anderen Fahrgästen schamlos drauflos zu flirten, das ist natürlich die ganz hohe Schule. Hast du einmal ein gewisses Vertrauen in deine Stärken aufgebaut, funktioniert aber selbst das. Je selbstsicherer du wirst, desto schneller kannst du dich orientieren und erkennst Situationen, in denen du eine Verbindung aufbauen kannst. Vielleicht lächelt dir ja auch mal eine Frau unerwartet zu. Fest steht, dass Frauen davon träumen, einen Mann im »echten Leben« kennenzulernen. »Wie im Film«, so hätten sie es gern. Eine Frau hat mir einmal so dermaßen fasziniert von so einem Erlebnis erzählt, dass mir eindrücklich klar geworden ist, was es für sie tatsächlich bedeutet hat und wie dankbar Frauen über den Mut eines Mannes sind, der sie zum Beispiel in der Straßenbahn anspricht. Ein Typ hat das bei einer ehemaligen Flamme von mir gemacht, hat sie in der Tram direkt gefragt: »Hey, ich wollt dir nur sagen, dass du toll aussiehst. Gibst du mir deine Nummer und wir gehen mal einen Kaffee trinken?« Sie war so begeistert von der Aktion, dass sie mir die Story Jahre später noch mit glühenden Augen erzählt hat. Er war vom Aussehen gar nicht ihr Typ, aber allein, dass er sich die Mühe gemacht hat, war ein Riesenkompliment für sie und hat ihr den Tag versüßt. Sie hatte damals einen Freund und hat abgelehnt, hätte ansonsten aber definitiv eingewilligt. Du hast also einen Megavorteil, wenn du JEDE Situation nutzen kannst. Wenn du mit dir und dem Universum im Reinen bist und nichts zu befürchten hast, dann handelst du so, wie es deinem Naturell entspricht. Wenn dir eine Frau gefällt und du sie gern kennenlernen möchtest, dann sagst du's ihr und nutzt zum Beispiel dieses kleine Zeitfenster in der U-Bahn oder auf der Straße.

»Wow, ich hab dich gesehen und musste dich ansprechen!« – fast jede Frau träumt davon! Ein solcher Satz reißt sie aus ihrem Alltag heraus, und wenn sie cool ist, wird sie cool reagieren. Wenn du ihr auf einer Einkaufsstraße beim Shoppen begegnest, dann kannst du sie fragen, ob sie kurz eine Pause vom Einkaufen machen und sich gemütlich mit dir auf einen Kaffee in die Sonne setzen möchte. Sag es so: »Setzen wir uns zehn Minuten hin, ich muss dann eh auch weiter!« Dann weiß sie, dass du nicht an ihr kleben wirst. Es besteht für sie keine Gefahr, dass sie dich nicht wieder los wird.

Sei stets bereit und bereite dich vor! Zum Beispiel sagst du dir: »Heute Abend gehe ich in einen Club. Es werden sehr hübsche Frauen dort sein, ich bin vorbereitet, ich bin gepflegt, trage mein bestes Hemd. Ich fühle mich wohl in meiner Haut, ich mach mir keinen Stress, ich will Spaß haben und natürlich Frauen kennenlernen, ich will flirten!«

Betrachten wir noch einmal die klassischste aller Situationen: Den Club. Du bist bereit: geschneuzt und gestriegelt, aufrechter Gang, gerader Blick, ein Lächeln auf den Lippen, eine angenehme Ausstrahlung. Überleg dir ein Mantra, einen Satz, der dich pusht, denk schon vorher daran, was dich erwartet. Überleg dir ein, zwei Anmachsprüche, wenn du dich damit besser fühlst. Sei positiv und freu dich auf einen schönen Abend: »Das ist meine Party, und ihr seid meine Gäste – oh yes!«

Vielen Männern ist das *club game* zuwider. Es ist laut, verraucht, chaotisch. Es geht wild zu. Teilweise entwickeln sie eine echte innere Verachtung gegen diesen Trubel, gegen die feiernden Leute. Beim Fortgehen lernst du aber am leichtesten eine Frau kennen. In Clubs zu gehen ist überhaupt kein Muss, aber überleg mal, was hinter dieser Abneigung steckt. Dein Frust zeigt vielleicht nur, dass du nicht wirklich loslassen kannst – in Wirklichkeit willst du doch Teil des Spaßes sein! Mach das Beste daraus. Alle sind in der Disco, um den Alltag zu vergessen und Spaß zu haben. *Girls are where the fun is*! Frauen wollen nicht mit langweiligen Fragen über ihren Job genervt werden, sie wollen locker sein, Abenteuer erleben, sie wollen Unterhaltung.

Welche Anmachsprüche gibt es? Es gibt zig Tricks, *patterns, routines*, also vorgefertigte Gesprächsmuster, Abläufe und Opener, die von Männern auswendig gelernt werden. Am besten ist es aber ganz easy, einfach und situationsbezogen zu bleiben. »Dein T-Shirt gefällt mir!«, »Ah, du stehst also auf Justin Bieber?«, »Du hast ein tolles Lächeln.«, »Du bist eine echt gute Tänzerin.« Einer der Pick-up-Klassiker ist: »Wer lügt öfter? Männer oder Frauen?« Das ist möglicherweise schon total ausgelutscht, war aber sicher mal gut, denn damit verwickelst du fast jede in ein Gespräch. Und genau darum geht es bei indirekten Anmachen. Überleg dir am besten was Eigenes, was zu dir passt, ein Satz, zu dem du stehst. »Du bist viel zu hübsch, um nicht angesprochen zu werden.« Möglich wäre auch, ein fröhliches »Ich liebe dich!« oder »Heirate mich!« rauszuhauen. Frauen berührt das emotional.

»Hey, ich hätte gern deine Meinung zu …« ist ein klassischer Start für ein Gespräch. In Neil Strauss' *The Game* ist eine der klassischsten Eröffnungen der *jealous girlfriend opener*. »Hey, ich bräuchte eine weibliche Meinung zu etwas, kannst du mir helfen?« – Die Antwort ist eigentlich immer Ja. Und dann: »Würdest du einen Typen daten, der noch mit seiner Ex befreundet ist?« Daraus kann sich schnell ein intensives Gespräch über Beziehungen und Moral entwickeln. Frauen lieben solche Themen! Sie lieben Liebesgeschichten und Gerüchte.

Etwas auswendig zu lernen und vorzuspielen, mag für Frauen befremdlich sein, schlimmer noch, es ist *creepy*. Wem das aber diesen letzten Funken Sicherheit gibt, um auf eine Frau zuzugehen, der kann sich, bevor er ausgeht, einen Gesprächseinstieg und ein Thema überlegen. Die Hauptsache ist, du machst überhaupt den Mund auf. Wenn du von einer Person etwas willst, dann musst du ihr ins Gesicht sagen, was du empfindest. Darum kommst du nicht herum.

Überleg dir etwas, wozu jeder eine Meinung hat, ein Thema, das dich interessiert. Andere Leute zum Beispiel könnten interessant sein:

»Hey, was hältst du eigentlich von diesem Typ?«, und zeigst auf irgendeinen Dude. Sie gibt eine Antwort. Du hakst nach: »Aha, und auf welche Männer stehst du denn so? Was muss ein Mann können, um dich zu begeistern, um dein Herz zu entflammen?« Sei lebendig, zeig Energie, schenk ihr ein Lächeln. Sprich über Gossip, Pleiten, Pech und Pannen. Nichts Ernstes, nichts Politisches. Und wenn du das zwei oder drei Mal probiert hast, dann wird es immer einfacher. Du wirst merken, dass die Reaktionen erstaunlich positiv sind.

Mal angenommen, deine Anmache schlägt nicht gleich ein. Sie antwortet knapp, setzt dann noch ein Stirnrunzeln auf und fragt dich, warum zum Teufel du ihre Einschätzung zum neuesten Patch bei *League of Legends* hören wolltest. (Zur Info: Das ist ein Computerspiel.) Wie reagierst du? Du lässt die Schutzschilde fallen, du bist ehrlich und authentisch und sagst: »Wie hätte ich sonst mit dir ins Gespräch kommen sollen?«, »Du hast mir so gut gefallen, ich wollte das Eis zwischen uns brechen!«, »Mir ist jetzt auf die Schnelle nichts Besseres eingefallen, weil deine Schönheit mich so verwirrt hat.« Sag das und schau dabei nicht beschämt auf den Boden, sondern steh dazu! Du machst in dem Moment genau das, was man in einem Club eben so macht: Du lernst neue Menschen kennen. Dafür wurden diese Dinger erfunden! Du kannst jetzt schon stolz auf dich sein. Lächle wie ein Kind, dem man nicht böse sein kann. Sie wird sich geschmeichelt fühlen, vielleicht wird sie sich sogar denken, der ist süß, der ist charmant, der ist ein Schlitzohr. Jedenfalls denkt sie sich: Der hat sich getraut! Und im gleichen Moment fragt sie sich: Hätte ich mich das getraut!?

Nein, hätte sie nicht! Wie viele Frauen sprechen Männer an? Eine von hundert? Ich kenne keine Statistiken. Sie haben den Mut nicht oder sie wollen einfach dezidiert, dass der Mann den ersten Schritt wagt. Wir haben den Mut, tief in uns drinnen. Es ist ein Instinkt, unsere männliche Energie … lass sie frei! Lass sie raus, Mann! Aggressiv werden nur Männer, die unausgeglichen sind, frustriert und unausgelastet. Du kannst deine Energie und deine Kraft beim Sport rauslassen, und im Flirt, da lässt du diese Kraft wirken, indem du Ruhe und Souveränität ausstrahlst. Wenn du beim Kicken ein Tor schießt oder deinen Freund auf der Playstation besiegst oder einen Berg bestiegen hast oder sonst etwas schaffst, dann brüllst du vielleicht, ballst die Fäuste, du fühlst dich stark … Du hast diesen Antrieb, diese männliche Kraft in dir. Spür sie, wenn du flirtest! Augenkontakt, Körperhaltung, den Mund aufmachen und dann wirken lassen … Schauen, was passiert! YOU HAVE JUST ONE LIFE – ENJOY THE RIDE!

Geh den Schritt und du wirst dich befreit und leichter fühlen, selbst wenn sie kein Interesse zeigt. Dann sagst du: »Tschüss, schönen Abend noch.«, und gehst zur nächsten. Wenn sie auf dich positiv reagiert, wenn sie sich dir zuwendet, dir in die Augen blickt, nachfragt, verwickelst du sie in ein interessantes Gespräch! Fang nicht mit einem hochpolitischen oder stressigen Thema an. Den Alltagsstress will wirklich jede hinter sich lassen, wenn sie ausgeht. Es geht um Spaß! Fang auch besser nicht an mit: »Du schaust so fadisiert, was ist los?« Das wird sie dir, einem komplett fremden Typen, nämlich sicher nicht erzählen. Was ist mit: »Es sind etwa 500 Mädels hier, aber keine lächelt so süß wie du!« Wer das wie der ärgste Schleimer rüberbringt, wird keinen Erfolg haben. Wenn es aber wirklich so ist oder du zumindest das Gefühl hast, dann sag's. »Es ist die Wahrheit, ich hab mich umgesehen. Ich bin von der einen Bar zur anderen gegangen. Ich hab wirklich überall geschaut. Du bist die Schönste!« Daraufhin lächelt sie meistens verlegen. Meinetwegen nimm den absoluten Einser-Schmäh: »Hallo. Du bist wirklich hübsch, kann ich dich kennenlernen?«, »Du hast ein tolles Lächeln!« oder »Du schaust aus wie eine echt coole Frau.« Im Club auf der Tanzfläche eine Frau anzuflirten, kann einerseits das Einfachste auf der Welt sein, andererseits wahnsinnig schwierig, wenn man nicht weiß, wie man es anstellt. Das Wichtigste: Sei cool! Atme tief durch und lass dich auf die Atmosphäre ein! Es ist laut und chaotisch, man wird angerempelt, die Leute sind betrunken. Bleib bei dir, lass dich darauf ein und genieße es. Komm in eine gute Stimmung und integriere dich. Lebe mit, genieß deine Freizeit! Schau, dass du mit verschiedenen Leuten redest, so knüpfst du neue Kontakte und triffst auch Frauen. Wenn du eine im Club kennenlernst, dann sprich sie kurz an und stell dich auf sie ein. Wenn sie wild herumtanzt, dann lächle sie an, reich ihr die Hand wie ein Gentleman, der eine Dame zum Tanz auffordert, und tanz einfach mit ihr. Viele werden sich echt freuen! Oder du nimmst sie in eine ruhige Ecke mit. »Lass uns mal hinsetzen, plaudern wir kurz in Ruhe.« Gib ihr ein aufmunterndes Lächeln mit und führ sie gleich mit dir. »Ich bring dich wieder zu deinen Freundinnen zurück, versprochen!« Zeig schon in diesem Moment, dass du sie beschützen kannst. Und nur »kurz« über etwas zu reden, ist ein beruhigendes Gefühl für sie. Da ist nichts dabei. Warte nicht auf Antworten, sei bestimmt. Wenn sie es nicht will, wird sie es dir geradeaus sagen.[27]

Ein Flirt lebt vom Spiel, von sexueller Spannung. Grundsätzlich kann der erste Anmachspruch alles Mögliche sein. Ein Kompliment ist der Klassiker. Es kommt dann gut, wenn du ihre Besonderheiten hervorhebst. Was hat sie, was andere nicht haben? Was macht diese Frau für dich einzigartig? Du beobachtest sie kurz, dir fällt etwas an ihr auf, und du bringst ein charmantes Kompliment. Oder du sagst nett und mit einem ehrlichen Lächeln: »Hallo, ich würde dich gern kennenlernen.« Das ist für den Anfang die beste Masche. Zeig, dass du da bist, zeig Präsenz, und mach dich im Gespräch selbst mit den hübschesten Frauen nie kleiner oder schwächer. Schöne Frauen solltest du nie besser behandeln als andere Menschen, die du nicht kennst.

FIND – MEET – CLOSE

In der Pick-up-Community ist der Aufreißerspruch ein wichtiges Thema, man spricht auch von *Openern*. Die Bekanntesten sind die folgenden:

- Situationsopener: Die aktuelle Situation gibt das Gesprächsthema vor.
- Meinungsopener: Du erfragst eine bestimmte Meinung und verwickelst die Frau in ein Gespräch (am besten zu einem total absurden Thema).
- Mitleidsopener: Du als Mann leistest der Frau Beistand.
- cocky/funny Opener: freche, auch provokante Bemerkungen
- direkter Opener: Du teilst dein Begehren direkt und ohne Umschweife mit.
- indirekter Opener: Du beginnst eine spontane Unterhaltung, die sich nicht auf die Frau/Situation bezieht.

Ein direkter Opener, den ich verwendet habe, war zum Beispiel oft ein Wiener Klassiker: »Ich find ja, es ghert mehr geschmust.« Einfach das, dumm und platt und simpel. Erfolgsgarantie gibt es keine. Gute direkte Anmachen sind grundsätzlich eher etwas für Geübte. Stell dir einen James-Bond-Typen im perfekt sitzenden Anzug vor, der einfach sagt, was er will: »Ich will dich kennenlernen.« Oder: »Ich will dich küssen.« Oder sogar: »Ich will jetzt mit dir schlafen.« Schonungslose Direktheit vermag Frauen in Wallung zu bringen. Da muss aber das Gesamtpaket stimmen. Und manche Frauen springen nicht einmal darauf an, wenn ihnen so ein Satz von ihrem absoluten Traummann hingeknallt wird. Einfach aus Reflex würden sie ablehnen.

Sehr direkt zu sagen: »Du, ich find dich sexy/sympathisch.«, das ist ehrlich und selbstbewusst. Es bleibt daher mein absoluter Favorit. Indirekte Spielchen, in denen du deine Absicht verschleierst, sind eher mühsam und kosten Zeit. In der Aufreißer-Community gibt es eine heftige Debatte darüber, was denn nun besser sei. Für absolute Beginner ist es vielleicht ratsam, beides auszuprobieren und zu sehen, wobei man sich wohler fühlt. Wenn es im ersten Schritt einfach darum geht, einmal mit einer Frau ein längeres Gespräch zu führen, dann mach es ruhig indirekt, schau, ob du ein Thema findest, über das du sie mitreißen kannst. Sprecht über eure Leidenschaften und Hobbys. Das Thema sollte allerdings nicht ein anderer Mann sein. Wenn du dich dabei ertappst, wie du einer Frau, die du eigentlich attraktiv findest, zuhörst, wie sie von anderen Männern schwärmt, dann bist du definitiv zu indirekt gewesen. Du solltest schauen, dass du aus der Nummer rauskommst, oder das Gespräch mit einem Schocker unterbrechen: »Geh mit mir auf ein Date.« Und damit bist du schon auf der Seite der direkten Opener.

Die Frauen, die abends unterwegs sind, WOLLEN jemanden kennenlernen. Frauen hoffen sowieso immer, dass sie den Richtigen treffen, und das Gefühl versuchst DU ihnen zu vermitteln. Sie wollen Romantik! Sie lieben Komplimente! Du weckst bei den Frauen ein Bedürfnis, das ihrer eigenen Absicht dienlich ist.

Die Verführung verläuft nach einem einfachen Muster, und je mehr Erfahrung du sammelst, desto deutlicher wirst du merken, dass es immer um das gleiche Schema geht. Wir bedienen uns hier wieder größtenteils der Weisheiten der Pick-up-Artists und adaptieren deren Erkenntnisse für uns:

1. *Find* – du findest eine Frau.
2. *Meet* – du lernst sie kennen.
3. *Attract* – du erzeugst eine Anziehung.
4. *Rapport* – du stellst eine Beziehung her.
5. *Close* – du kommst ans Ziel.

Damit sind wir schon mittendrin im Pick-up-Wissen. Wir nehmen das Basiswissen, das diese Community lehrt, als Struktur. Aus Seminaren, Blogs, Foren und Büchern habe ich versucht, das folgende Wissen zusammenzutragen.

1. *Find*: Zwischen dem Erspähen einer hübschen Frau und dem Ansprechen derselben dürfen maximal drei Sekunden vergehen! So lautet die 3-Sekunden-Regel der Pick-up-Artists! Warum? Je mehr du darüber nachdenkst, desto mehr Gründe fallen dir ein, die Frau nicht anzusprechen. Tatsächlich ist es egal, ob du drei oder zehn Sekunden brauchst. Du solltest nur in relativ kurzer Zeit die Situation abchecken: Gefällt sie mir? Ist sie allein? Was macht sie? Wenn die Situation passt, dann gehst du gleich drauflos und verlierst keine Zeit. Dein Denken ist auf Standby, du gehst hin, hältst Blickkontakt und sprichst sie sofort an. Du wirst merken, ihre Reaktion wird niemals so negativ sein, wie du es dir ausmalst. Du überwindest dich und es ist alles halb so schlimm. Lass das Ansprechen aber nicht zum Zwang werden, sondern probier ruhig mal was anderes, Kreatives. Zwinker ihr zu, proste ihr zu. Was auch immer – sei

entspannt, mach dir keinen Druck. Ein Mädchen einfach nur zu finden, das einem gefällt, ist nicht der schwere Teil der Verführung.

2. *Meet*: Für viele Frauen ist der erste Eindruck entscheidend. Der entsteht logischerweise sofort! Sie weiß schnell, was sie von dir halten soll. Du bringst dein Statement, deinen ungezwungenen Flirtspruch, dein Lächeln, was auch immer. Du zeigst, dass es sich lohnt, dich kennenzulernen! Und du weißt, was du willst, du hast ein klares Ziel vor Augen – du willst diese Frau erobern. Nimm dir vor: Du sagst zumindest Hallo zu ihr! Mach das oft genug und schon verlierst du die Angst, jemanden anzusprechen. Diese Angst loszuwerden, geht nur über Übung. Sag Hallo zu attraktiven Frauen. Darauf allein – dass du dich überwunden hast – kannst du schon stolz sein. Alles, was folgt, ist Zugabe.
3. *Attract*: Wie erzeugt man Anziehung? Das sollte etwas Natürliches sein, etwas Fließendes und Normales. Es funkt. Die Chemie stimmt. Worauf kommt es an? Lassen wir das Aussehen weg (das hatten wir bereits). Du sprichst und es zählen Stimme, Tonalität, Wortwahl, Emotionsgehalt und Thematik!

Jetzt mach dir aber keine Sorgen. Es gibt Männer, vielleicht kennst du welche, die sind einfach natürlich anziehend, und das merken die Frauen. Das sind die sogenannten *naturals*, die den Begriff Pick-up noch nie gehört haben und trotzdem beim Flirt alles richtig machen. Du stehst daneben und denkst dir: »Was redet der für einen Müll?«, oder: »Das Gleiche hab ich doch auch gesagt – warum funktioniert das bei ihm?« So was gibt's! Aber wenn du jetzt nicht verbissen wirst und dir nur ein bisschen was abschaust, dann wirst auch du irgendwann ganz natürlich auf die Frauenwelt wirken. Die anziehendsten Männer sind solche, die über den Dingen stehen und ihre kleinen Problemchen mit den Frauen einfach weglächeln. Nimm dich nicht zu ernst, plauder frei von der Leber drauflos. Entwickle einen Lifestyle, der interessant ist, du kennst coole Leute, du sprichst mehrere Sprachen, hast gute Witze oder Anekdoten auf Lager, du reist viel, bist belesen, neugierig, bist offen für neue Erfahrungen, easy-going, gechillt und positiv. Das alles wirkt am besten.

Woher wissen wir, ob sich eine Frau zu uns hingezogen fühlt? Es gibt sogenannte *indications of interest* (IOI). Irgendwo hast du vielleicht schon davon gehört oder gelesen. Es handelt sich um nonverbale Botschaften der Frau, die uns Männern ihre Aufmerksamkeit und ihr Interesse vermitteln. Diese weiblichen Signale funktionieren oft unterbewusst, Frauen können sie häufig nicht steuern. Sie wollen sich als schön und begehrenswert darstellen. Trotzdem werden diese Signale immer wieder falsch gedeutet. Beschäftige dich nicht zu sehr damit – es müssen auch mehrere IOIs erkennbar sein, damit du entscheiden kannst, ob sie an dir interessiert ist. Fallen dir tatsächlich mehrere IOIs im Gespräch auf, dann kannst du etwas forscher werden. Gib aber nicht zu viel darauf, wenn deine Gesprächspartnerin sich bereits fünfmal an ihren Haaren herumgezupft hat – es könnte am Ende rein gar nichts bedeuten. Für sich allein weist ein IOI eher darauf hin, dass die Frau sich in einer ungewohnten Situation befindet und ein bisschen unsicher oder neugierig ist.

Was konkret könnten *indications of interest* sein?

- auf die Lippen schauen: Meiner Meinung nach ist das der größte Indikator für Interesse. Frauen machen sich schon recht früh Gedanken, ob du gut küssen kannst, ob du weiche Lippen hast, wie es sich anfühlen würde ... Es ist ein kurzer Blick auf den Mund, der dir klar signalisiert, dass ein Kuss jetzt nicht unerwartet käme oder sie ihn abblocken würde.

- Hair-Flip: Frauen drehen und wickeln ihre Haare um den Finger. Oder sie werfen ihre Haare zurück, um dich zu beeindrucken.
- Körper zudrehen: Sie sitzt dir zugewandt, wenn sie Neugier und Interesse zeigt. Daran kannst du dich sehr gut orientieren.
- Lippen befeuchten oder Schmollmund: Sie lenkt deine Aufmerksamkeit auf ihre Lippen.
- Körperkontakt: Sie stellt bewusst flüchtigen Körperkontakt her, berührt dich kurz am Arm, an der Schulter. »Hey, das muss ich dir noch erzählen!« Frauen berühren sich allerdings deutlich öfter gegenseitig, als Männer das tun, und oft nur, um sicherzugehen, dass eine Botschaft richtig ankommt.
- Kopf schieflegen: Der Hals wird offen gezeigt. Ob es den Frauen bewusst ist oder nicht, es ist eine uralte, instinktive und unbewusste Unterwerfungsgeste.
- Handflächen werden offen hergezeigt.
- Für den Fall, dass sie dich boxt, das ist ein verdammt gutes Zeichen, Mann!

Sobald eine gewisse Anziehung da ist, fängst du im Gespräch an, mit dem Menschen eine Beziehung herzustellen, und damit sind wir beim Rapport.

4. *Rapport*: Im Rapport machst du weiter auf dich aufmerksam, du stellst dich gut dar. Das heißt, du stellst dich selbst dar, du bist authentisch. Und du zeigst der Frau, dass sie dir gefällt. Gib ihr die Sicherheit, dass du ihr zugewandt bist, und sei gleich darauf wieder frech.

Wir kennen die nonverbalen Tricks mittlerweile und haben unsere Persönlichkeit stabilisiert. Wir zeigen ein offenes, sympathisches, lockeres Lächeln. Wir strahlen Selbstzufriedenheit, Entspannung und eine positive Lebenseinstellung aus. Wir haben auch schon gehört, wie du einen Rapport aufbauen kannst: Du gleichst deine Körpersprache ihrer an (*Pacing*). Sie nimmt ihr Glas, du nimmst es auch, sie beugt sich nach vorn, du tust es ihr gleich, ihr redet in der gleichen Tonlage und Lautstärke und du fängst an, das Gespräch zu führen (*Leading*).

Du wirst merken, ob ihr einen Rapport aufgebaut habt oder nicht. Ist eine Verbindung da? Vertraut ihr euch, habt ihr ein positives Gefühl zueinander? Es gibt bei einem längeren Flirtgespräch oder beim Date einen Zeitpunkt, in dem plötzlich jede Nervosität abfällt, PUAs sprechen vom *hook point*. Man kennt sich, es passt, man fühlt sich wohl und man spricht nun vertrauter miteinander. Man hat nicht mehr das Gefühl, dem anderen unbedingt gefallen zu müssen, man hat sich präsentiert, und es scheint eine Verbindung zu geben. Du bist ohne Widerspruch, du bist von dir überzeugt und sie mag dich. Bei einem guten Date öffnen sich die Menschen etwa nach einer halben Stunde, die Schutzmechanismen fallen ab, die Mauern stürzen ein. Ihr habt einen Rapport aufgebaut. Große, neugierige Augen signalisieren deine Kommunikationsbereitschaft. Wichtig ist zudem, dass du den Blickkontakt nicht zuerst brichst. Zudem solltest du, wie schon beim Ansprechen, möglichst schnell in Aktion treten. Sei aktiv und lebensfroh! Charismatisches Senden nennt man das – Kommunikation auf höherer Frequenz. Du kennst sicher den Spruch: »In dir muss brennen, was du in anderen entzünden willst.« Das funktioniert tatsächlich, es handelt sich dabei um eine Art nonverbale Gedankenprojektion. Wenn du die Frau ansiehst und dir denkst: »Ich will mit dir schlafen.«, dann sendest du das Verlangen direkt durch deine Augen, dazu dein Lächeln, das strahlt und funkelt – du führst sie emotional auf deine Fährte. Du kannst durch Blicke oder über deinen Tonfall Anzügliches gefahrlos mitteilen (Sex kann bei dir überall mitschwingen, auch durch Sinnlichkeit in deiner Stimme). Natürlichkeit und Glaubwürdigkeit sind dabei das A und O.

Ich höre dich schon sagen: WAS GENAU SOLL ICH MIT IHR REDEN? Wenn du einmal eine stabile Persönlichkeit hast und weißt, dass du selbst ein interessanter Mensch bist, dann findest du immer ein Thema. Und wenn sich keins ergibt, dann passt ihr vielleicht auf dieser Ebene nicht so gut zusammen. Ein Thema ist dann interessant, wenn ihr euch darüber austauschen könnt, also sprecht über etwas, das euch Spaß macht! Ein guter Einstieg ist zum Beispiel: »Was findest du an Männern attraktiv?« Da kommt ihr direkt zum Thema Flirten, zu euren Vorstellungen und Wünschen, es geht um die Kommunikation zwischen Mann und Frau. Du kannst auch durchaus erzählen, dass du dich mit Pick-up beschäftigst und warum. Sie wird es garantiert interessant finden. Umschiffe das Thema Ex-Freunde und -Freundinnen dabei gekonnt. Es geht um Dinge, die Lust und Leidenschaft vermitteln! Was findet sie interessant, witzig, originell? Frag dich einmal: Was sind deine Leidenschaften? Überleg dir zumindest drei Schwerpunkte, wo du dich auskennst und mit denen du dich wohlfühlst. Fußball, Reisen, Schach, Wandern, Snowboarden, dein Haustier, andere Länder, Sprachen, Kulturen, Kulinarik, Kreuzworträtsel … Was macht Fußball so toll für dich, wie fühlst du dich dabei? Frauen sprechen auf Emotionen an, nicht auf Logik. Lass kontroverse Themen eher weg. Sei immer gechillt und fang nicht an zu streiten oder Grundsatzdiskussionen zu führen. *Always be chilled*! Einer meiner klassischsten Anmachsprüche ist einfach nur: »Ciao bella! Wie geht's?« Dadurch kommen wir auf meine Passion für Italien zu sprechen, ich spreche die

Sprache, kann gefahrlos herumflirten, erzähle bunte Geschichten von Land, Kultur und Essen. Ich spreche über die herrliche Pasta in diesem Restaurant bei Neapel, mit dem Blick aufs Meer und dem Duft von Meeresfrüchten in der Nase ... Keine Ahnung, so was in der Richtung. Es kommt spontan, weil ich ja auch tatsächlich dort war.

Imitiere niemanden, sondern gleiche dein Innen- und Außenleben einander an. Du stehst zu deinen bewundernswerten Stärken und liebenswerten Schwächen. Der Rapport ist die heiße Phase des Flirts, und hier tun sich viele Männer schwer, obwohl sie eigentlich schon attraktiv auf die Frau wirken, also *attraction* erzeugt haben. Viele tun beim gegenseitigen Kennenlernen dann so, als wären sie jemand anders. Frauen durchschauen das aber meistens. Und wenn sie es nicht checken und darauf reinfallen, dann triffst du jemanden, der Seiten an dir schätzt, die du vielleicht selbst gar nicht so sehr magst. Deshalb: Konzentriere dich auf Techniken, die zu dir passen! Wer bemerkt, dass einem dieses unterschwellige Flirten und Führen der Frauen schwerfällt (wie gesagt, das ist ein häufiges Problem), der kann es mit der Methode der radikalen Ehrlichkeit probieren. Sag immer die Wahrheit! Du musst nicht lang und breit deine Lebensgeschichte erzählen, aber ehrlich Schwächen zuzugeben, ist nicht verkehrt. »Ich bin manchmal ein wenig schüchtern.«, oder: »Ich tu mich manchmal schwer, Frauen anzusprechen.« – Sätze wie diese können absolut passend sein, um Vertrauen aufzubauen. Wenn du den Grundsatz der Ehrlichkeit verfolgst, kannst du niemals falsch liegen. Es kann leicht passieren, dass du mit direkter Ehrlichkeit anderen Leuten auf die Füße trittst, aber vorwerfen kann dir niemand etwas – und du dir selbst auch nicht. Wenn ihr euch gut versteht, euch schon geküsst habt und du sagst: »Ich will mit dir schlafen.«, dann ist das direkt, aber radikal ehrlich und macht bei der Frau womöglich enormen Eindruck.

5. *Close*: Der Close kann je nach Zielsetzung unterschiedlich sein. *Closen* heißt einfach nur: etwas abschließen, ein Ziel erreichen. So spricht man in der Aufreißer-Community von *number close* (NC), *kiss close* (KC) oder *fuck close* (FC). Egal, welches dieser Ziele du dir gesetzt hast, wir gehen jetzt einmal davon aus, dass du die Frau wiedersehen willst – deshalb kommen wir ab Seite 167 ausführlich auf das klassische Date zu sprechen.

Aus One-Night-Stands kann sich ohne Weiteres eine seriöse Beziehung entwickeln. Beginnt eine leidenschaftliche Beziehung nicht meistens auch leidenschaftlich? Jeder kennt wohl Pärchen, die seit vielen Jahren zusammen sind und die gleich am ersten Abend miteinander geschlafen haben. Es gibt allerdings auch genug gegenteilige Storys – es bleibt deine Entscheidung.

So sieht es also aus, wenn man jemanden kennenlernt. Bei all dieser Struktur darfst du den allerwichtigsten Punkt nicht außer Acht lassen. Es geht darum, dass DU herausfindest, ob eine Frau DEINEN Kriterien entspricht. Beim Approach, also bei der Anmache, geht es um DICH. DU musst vorher wissen, was DU willst! Dann machst du dich auf die Suche und gibst dich GANZ BESTIMMT NICHT mit einem Kompromiss zufrieden!

WIEDERHOLUNG UND TIPPS & TRICKS

Was haben wir bisher herausgefunden? Trage beim Flirten keine Maske, sondern setz auf eine direkte Anmache. Du unterhältst dich mit einer Frau, du nimmst die Sache in die Hand. Du holst dir eine direkte Reaktion ab – positiv oder negativ. Du fragst nach einem Date, du fragst nach der Telefonnummer, du kommst ihr ein wenig näher, du versuchst sie zu küssen ... Was auch immer du willst, du musst es initiieren, sonst wird es nicht passieren. DU musst es sein, der die unverbindliche, freundschaftliche Konstellation in eine spannende und gespannte Situation verwandelt. Damit begreift die Frau: Ahaaa, das will er also. Ganz ehrlich, Frauen checken das oft nicht. Oder sie flirten einfach gern, und da muss absolut gar nichts dabei herauskommen. Für uns steht der Flirt am Anfang von etwas Großem. Nämlich der Eroberung der Frau. Für Frauen ist es oft auch nur ein Spiel, das zu gar nichts führen muss.

Frauen denken vielfach anders. Sie sind viel, viel sozialer. Sie können mit dir nett und ungezwungen und ohne jeden Hintergedanken sprechen, sie können dich necken und dir zuzwinkern, einfach nur aus Spaß am Spiel. Mann, das heißt nicht, dass sie sofort mit dir in die Kiste hüpfen will! Du musst dir dessen bewusst sein. Oftmals vermuten Frauen gar nicht, dass wir sie als potenziellen Sex- oder Beziehungspartner auserkoren haben. Deshalb ist es wichtig, das so schnell wie möglich klarzustellen und herauszufinden, ob was geht. Wenn sie mit dir flirtet, dann flirtest du auch mit ihr, lächelst sie an, erwiderst ihren Blick, machst vielleicht einen Witz und bist charmant.

Ab einem gewissen Punkt gehst du jedoch in die Offensive. »Na ja, machen wir doch mal was zusammen!«, »Wenn dir die Band gefällt, dann gehen wir doch nächste Woche zum Konzert!«, oder: »Du spielst gut Beachvolleyball? Ich mach dich fertig! Sonntag, 14 Uhr am Court!« Wenn du zehn Minuten mit einer Frau auf einer guten Gesprächsebene geflirtet hast, dann ist das mehr als in Ordnung. Dann kannst du ihr ein Angebot machen, das Spiel an anderer Stelle weiterzuspielen.

Wenn sie kein Interesse hat, aber cool ist, dann wird sie eine gute Antwort finden. Steh dazu, dass du sie attraktiv findest. Das ist nichts, wofür du dich schämen musst!

Natürlich, eine Abfuhr kann hart und schmerzvoll sein, aber Ungewissheit ist auf Dauer noch viel unbefriedigender und hält dich nur auf. Wenn du dir im Nachhinein in deinem Bett daheim denkst: »Ah, hätte ich sie nur nach ihrer Nummer gefragt!« und deinen fehlenden Mut bereust, schmerzt das viel mehr als jeder Korb. Wenn du hoffst, dass sie auf dich zukommt, so nährst du meistens falsche Hoffnungen. Frauen machen wirklich sehr selten den ersten Schritt raus aus der *friend zone*. Eine selbstbewusste Frau hat damit sicher kein Problem, aber in der Regel wollen Frauen, dass du ihre Signale richtig deutest und ihr in gewisser Weise den Hof machst. Das klingt konservativ und alles andere als zeitgemäß (es ticken auch nicht alle so), aber egal, in welchem Alter, ob junge Mädels oder reife Frauen, viele wollen noch immer von ihrem Auserwählten erobert werden.

Wenn dich eine Frau bei der ersten Anmache abweist und dich also nicht einmal kennenlernen will, dann begründet sie diese Entscheidung möglicherweise mit deinem Aussehen. Das heißt im Umkehrschluss, dass ihre Absage NICHTS über deine anderen Stärken aussagt, über deine Wertigkeit als Mensch oder sonst etwas.

Wenn du jemandem nicht zusagst, bedeutet das lediglich, dass du nicht der Typ für diesen Menschen bist. Das ist nichts Schlimmes. Du solltest dir vielmehr vor Augen führen, dass du auf diesen Menschen bezogen nun Klarheit hast und das eine gute Sache ist. Du hast deinen Zug gemacht, sie ist dran oder eben nicht. Damit endet das Spiel und du vergeudest keine Zeit mehr.

Da war sie! Die Frau meiner Träume. Wunderschön. Und ich hab mich sogar getraut, ich bin hingegangen und hab sie angesprochen. Ich hab mit ihr geflirtet. UND DANN HAT SIE MICH EISKALT ABSERVIERT! In so einer Situation ist der starke Mann sehr verletzt und fühlt sich ganz allein auf dieser grausamen Welt. Vor allem unser Stolz nagt dann sehr an uns, oder?

Also von vorn: Du sprichst sie an, sie gibt dir einen Korb. Manchmal klar und deutlich: »Nein, geh weg!« Manchmal ausweichend: »Ich habe leider keine Zeit! Vielleicht ein anderes Mal.« Oft genug machen Frauen deshalb keine knallharten Ansagen, weil sie dich nicht verletzen wollen. Entwickle dafür ein Gespür. Viele Frauen haben über die Jahre aber auch ein *bitch shield* aufgebaut. Sie wirken unnahbar und kühl. Das ist oft nichts Persönliches, sondern eine Art des Selbstschutzes. Vor allem trifft das auf Frauen zu, die oft angequatscht werden, aber auch auf die, die bitter enttäuscht wurden, die glauben, dass eh alle Männer gleich sind. Wenn Frauen diesen Satz sagen, dann meinen sie, dass wir Männer sowieso immer nur das eine wollen und/oder Lügner sind. Solange dich diese Frauen aber nicht abweisen, sondern nur ein wenig schroff wirken, heißt das nicht, dass du gleich aufgeben musst. Es bleibt deine Entscheidung, ob du Lust hast, sie davon zu begeistern, dass du anders bist.

Was bedeutet eigentlich Zurückweisung? Es gibt keine! Du bist so stark in deiner Realität verankert, so gefestigt, dass niemand dich zurückweisen kann, außer du dich selbst. Noch einmal: »Ich möchte nicht mit dir reden.« sagt nichts über dich oder deinen Wert als Mensch aus. »Hau ab!« kann nur von einer unfreundlichen und respektlosen Person kommen. Eigentlich solltest du froh sein, dich nicht mit solchen Leuten weiter beschäftigen zu müssen. Wenn dir jemand sagt »Du bist ein Idiot«, dann hast du genau eine Information: Diese Person (und nur diese Person) denkt, dass du ein Idiot bist. Das ist, wenn man es so betrachtet, eine relativ unwichtige und entbehrliche Info – es sei denn natürlich, derartige Statements deiner Person gegenüber häufen sich über Gebühr. Dann würde ich überlegen, ob da nicht vielleicht was dran ist, und etwas ändern.

Wir sind von klein auf darauf bedacht, nichts zu tun, was peinlich sein könnte. »Eine Frau anzusprechen und einen Korb zu bekommen, ist peinlich, deshalb mach ich's nicht.« Das ist ein klassischer *limiting belief*, ein Glaubenssatz, der dich im Leben nicht weiterbringt, sondern dich einengt. Deine innere Haltung Frauen gegenüber sollte jedoch folgendermaßen aussehen:

Es gibt keine Frau, so schön sie auch sein mag, die ich nicht verführen kann.

Ich genieße mein Leben.

Ich brauche keine Frau, um glücklich zu werden (aber vielleicht braucht sie mich).

Jede Erfahrung ist gut. Jede Interaktion mit einer Frau verbessert meinen Umgang mit Frauen.

Jede Abfuhr hilft mir, beim nächsten Mal besser zu sein.

Ich gehe aus, um Spaß zu haben. Mein einziges Ziel ist es nicht, eine Frau kennenzulernen.[28]

Ganz zu Beginn dieses Buches und unserer gemeinsamen Reise, auf der wir mittlerweile vorangeschritten sind, habe ich kurz auf die Mehrabian-Formel verwiesen. Was ist das? Im Film *Hitch – Der Date Doktor* wird diese Theorie zitiert. In den USA ist die Mehrabian-Formel sehr populär. Zur Erinnerung: Laut der Mehrabian-Formel wirke ich in der Kommunikation nur zu 7 Prozent mit dem, WAS ich sage, also mit dem sprachlichen Inhalt; zu 38 Prozent wirke ich mit dem stimmlichen Inhalt (WIE ich etwas sage); und zu unfassbaren 55 Prozent wirke ich mit meiner Körpersprache!

Schlussfolgerung: Wie wir auf Frauen wirken, hat fast nichts damit zu tun, WAS wir sagen, sondern WIE wir es sagen, wie wir kommunizieren. Diese Theorie stimmt in dieser Einfachheit so zwar nicht, aber klar ist: Der Ton macht die Musik, der Tonfall ist wichtiger als der Inhalt. Wenn du drohend brüllst: »Du bist wunderschön!«, wirkt es doch anders, als wenn du es einer Frau lieblich ins Ohr hauchst. Gerade beim Flirt redet man unendlich viel Blödsinn daher. Erinnere dich an deine Teeniezeit. Bei so viel Gebrabbel zweier verliebter Teenies beim Eisessen ist es ein Wunder, dass man überhaupt zum Küssen kommt. (Oder man küsst sich die ganze Zeit und redet gar nichts.) Ich will nur darauf hinaus, dass du dir keine Sorgen machen musst, worüber du plauderst.

Sprechen wir einmal nicht von Flirt, sondern, ja, von Small Talk. Du siehst eine hübsche Frau und willst sie kennenlernen. Für diesen ersten Small Talk gehst du nicht von vorn auf deine Auserkorene zu. Frauen fühlen sich davon schnell bedroht. Männer sind oft doch um den einen oder anderen Kopf größer. Also besser seitlich ansprechen! Das macht einen Riesenunterschied. Du trittst trotzdem selbstbewusst auf, du machst dich nicht kleiner und du bist überzeugt von dir. Zeige, dass du mit dir im Reinen bist und dazu stehst, sie attraktiv zu finden! Du vermittelst, dass du es wert bist, dass sie mit dir redet. Du bist höflich und respektvoll, und das erwartest du auch von ihr. Achte auf guten Augenkontakt und Körpersprache!

Du kannst subtil kommunizieren. Durch Augenzwinkern oder ein Lächeln. Bring so früh wie möglich kurze Berührungen an. Kurz nur die Schulter berühren: »Ah, das wollt ich dir noch erzählen!« Damit übernimmst du die Führung.

Ein bisschen *teasen*, dann aber wieder mit Komplimenten belohnen – das nennt sich Push-Pull-Theorie. Damit wirkst du lebhaft und sexy. Du sollst die Mädels nicht mit Komplimenten zuschleimen, sondern kannst sie ruhig auch ein wenig necken. Necken und dann wieder belohnen, zurück ins Boot holen. Ein Flirt ist etwas Freches, ein Spiel. Spiel mit! Die Frauen lieben Männer, die dieses Spiel beherrschen.

Irgendwann sagst du: »Gib mir mal deine Nummer.« Oder: »Lass uns Nummern austauschen.« Frag nicht danach. Und wenn du klar bemerkst, da geht was, dann komm ihr langsam näher.

Durch Flüstern ins Ohr kommst du in die *intimate area*. Wenn sie dich gewähren lässt und mitspielt, dann küsst du sie irgendwann im Gespräch. Aber nicht zu heiß und eher kurz. Achte darauf, was sie macht, du solltest nicht *needy* oder notgeil wirken. Lass dir Zeit, wenn sie dich küssen will. Du spielst ein wenig damit, dann wird ihre Lust nicht weniger, sondern mehr werden. Spiele mit kleinen Gimmicks und Zaubereien. Frauen sind davon fasziniert. Sei ein charmanter, geheimnisvoller David Copperfield. Gib am Anfang nicht zu viel von dir preis. Am Ende eines Flirts solltest du zumindest eine Kontaktmöglichkeit haben. Besser die Telefonnummer als den Facebook-Kontakt ...

Schau, dass du schnell ein Treffen arrangierst. Das heißt, du meldest dich am nächsten Tag. Am einfachsten, besten und selbstbewusstesten ist ein kurzer Anruf. Du kannst im Vorhinein, wenn sie dir die Nummer gibt, auch noch etwas dazu sagen. Nämlich, dass du dich genau ein Mal melden wirst, vielleicht hat sie gerade keine Zeit, Stress, kann jeder mal haben, dann soll sie dich zurückrufen. Aber du selbst meldest dich genau ein Mal, und du fragst aus Prinzip auch nur ein Mal, ob sie dich treffen will. Diese Spielchen, dieses Hin und Her, welches Frauen oft und gern betreiben, die sich nicht sicher sind, ob sie sich jetzt wirklich treffen wollen oder nicht, dieses Spiel musst du nicht mitspielen. Das ist nicht THE GAME, sondern ein unnötiges kleines Gamechen.

Es ist nicht jedermanns Sache, beim Ausmachen des Dates eine kompromisslose Kante zu zeigen. Es ist ein Tipp, den du befolgen kannst, wenn du dir denkst, dass es zu dir passt und du selbst auch so empfindest: Es braucht mehr klare Ansagen! Ich mag die direkte Kommunikation. Das spart Zeit und Energie. Ehrlich und offen, menschlich, so will ich mit Leuten gern reden. Dieses indirekte Suggerieren von Interesse, auch indirekte Anmachsprüche, dieses Täuschen und so zu tun, als ob, das braucht man irgendwann nicht mehr.

Wenn du dich bei ihr meldest, hast du einen klaren Plan. Kurz und bündig: »Was, wann, wo, wie? Super, passt, freu mich, bis dann!« Für das erste Date kannst du extrem viel Druck rausnehmen, wenn du etwas mit ihr unternimmst, das Teil deines normalen Lebens ist. Deine Freunde haben eine Band und veranstalten einen kleinen Gig in einem Lokal – perfekt! Oder ihr geht euch eine Ausstellung von einem Bekannten ansehen. Schon klar, das gibt's nicht immer. Aber in diese Richtung sollte es gehen. Nicht direkt ins Kino, wo man sich dann anschweigt. Vorher Cocktails trinken zum Beispiel ist ein Muss. Direkt beim ersten Date ins Restaurant? Nein! Außer ihr kennt euch schon besser.

Und dann stellen sich allmählich die großen Fragen. Verstehen wir uns? Finden wir uns attraktiv? Ist eine Beziehung potenziell denkbar? Wohin führt die Geschichte?

Das alles hängt vom Verlauf des Dates ab.

ONLINE-DATING: DIE TINDER-TAKTIK

Bevor wir zum tatsächlichen Date kommen, wollen wir noch einen kurzen Exkurs zum immer beliebter werdenden Online-Dating machen, das einerseits großartig, andererseits wahnsinnig unromantisch ist. Ich kenne allerdings etliche Paare, die sich über diese Apps getroffen und verliebt haben. Manche Frauen fühlen sich im Alltag von einer Anmache zu sehr überrumpelt und mögen das langsame und sichere Kennenlernen im Chat. Alles ist hier möglich. Es sind Frauen dabei, die flirten wollen, die Spaß haben wollen, Bestätigung suchen oder eine seriöse Beziehung, und auch Frauen, die einfach neugierig sind. Weder bei den Frauen noch bei den Männern geht es hier nur um das Eine. Das Online-Dating ist allerdings fast so etwas wie ein Schlaraffenland, wenn man es gekonnt nutzt, um bequem und schnell zu Sex zu kommen. Man flirtet online, man trifft sich mit einer Frau, die einen von den Fotos her bereits attraktiv findet. Zudem finden sich online vergleichsweise viele Frauen, die tatsächlich nur Sex wollen, oder zumindest sind sie offen dafür, sich bei einem Date verführen zu lassen.

Was Frauen dann aber wohl stört, ist, wenn ein Mann sich »am Tag danach« nicht meldet. Wenn die Frauen das selbst auch nicht tun, habe ich persönlich dabei kein schlechtes Gewissen mehr. In welchem heiligen Regelwerk steht geschrieben, dass sich einseitig der Mann melden muss, nachdem man Sex hatte!?

Frauen sehen gerade Tinder als Möglichkeit, um anonym zu unkompliziertem Vergnügen zu kommen. Es wird wohl unterschätzt oder ungern zugegeben, aber Frauen haben genauso gern und oft Sex wie Männer, wenn nicht sogar öfter. Dazu hilft es, wenn sie dich nicht als *boyfriend material* einstufen. Eine Dame war so nett und hat mich aufgeklärt, wie sie diesen Terminus definiert: Kein *boyfriend material* heißt, der Kerl ist unkompliziert, der kann's mir besorgen, dem geht es nur um Sex. Bei dem brauch ich kein schlechtes Gewissen haben, er hat keine Gefühle, und es gibt null *commitment*. Ich war fast ein wenig schockiert, wie schnell mich Frauen so oberflächlich eingeschätzt und sich dementsprechend mir gegenüber verhalten haben. Sie waren wahnsinnig offenherzig, gleichzeitig aber auch äußerst kühl und distanziert. Es gab keine Zärtlichkeiten und ich war auch sehr schnell wieder vergessen. Sie nahmen mich eben als »Toyboy« wahr, und das ist noch der höflichste Ausdruck. Ist ja auch absolut in Ordnung. Überrascht war ich nur, dass die Frauen, wenn man die sozialen Gepflogenheiten eben weglassen kann, genauso ticken wie wir Männer. Die meisten Matches enden mit einem ONS oder einer mehrwöchigen Affäre. Wenn nicht, dann war es trotzdem stets zumindest ein gutes Gespräch. Ein, zwei Tinder-Dates wollten nach dem Sex meine Nummer ihren Freundinnen weitergeben und mich so quasi weitervermitteln. Im ersten Moment hab ich mir noch gedacht: Cool! Da kann ich mich auch noch zurücklehnen und die Frauen kommen von allein. Aber dann fand ich die Sache doch ein bisschen abgedreht. Da wäre der Schritt nicht mehr groß gewesen, Geld dafür zu verlangen.

Es gibt mittlerweile einige Flirt-Apps auf dem Markt. Ich habe ein paar ausprobiert. Wirklich intensiv genutzt habe ich aber nur Tinder – die auf jeden Fall beliebteste Flirt-App im deutschsprachigen Raum. Die Vorteile liegen auf der Hand: superbequem, einfach, schnell, unkompliziert ... Aber stimmt das auch wirklich alles? Wenn du einmal mit dem Dating über Tinder beginnst, kann es schnell auch mühsam werden und ein bisschen den Blick verklären. Warum eine Beziehung eingehen, warum überhaupt noch anderswo umschauen, wenn die nächste hübsche Frau nur einen Wisch entfernt ist? Tinder kannst du dir als Single installieren, aber nutz es als zusätzliche Möglichkeit, um Frauen kennenzulernen, und nicht als einzige.

Wie funktioniert Tinder? 18-Jährige können über so eine Frage nur schmunzeln. Für die jüngere Generation sind Facebook und Tinder fast schon wieder passé. Snapchat, Telegram und Instagram werden zum Flirten benutzt. Für die, die Tinder aber nicht kennen, gibt's eine kurze Erklärung. Die 2012 ins Leben gerufene Dating-App funktioniert wie fast jede andere Online-Dating-App. Durch die Verknüpfung zum eigenen Facebook-Account kann man sich in der App ein Profil erstellen und seine Entdeckungspräferenzen (Entfernung, Alter, Geschlecht) festlegen. Über den Hauptbildschirm werden die Profile von anderen Nutzern (Fotos, Vorname, Alter und Status) angezeigt, welche sich im ausgewählten Umkreis befinden. Mittels Herz-Icon können Personen gelikt oder mit einem Kreuz abgelehnt werden. Wenn sich beide User als interessant – respektive attraktiv – einstufen, entsteht ein »Match«. Dann kann über einen Chat-Bildschirm eine Konversation gestartet werden.[29]

Deine Bilder sollten dich in verschiedenen Situationen zeigen. Ein Ganzkörperfoto sollte auch dabei sein. Poserfotos und gestellte Bilder kommen nicht gut. Wenn du deinen trainierten Oberkörper zeigen willst, dann mach es subtiler, zum Beispiel, indem man dich in Badehose beim Beachvolleyball spielen sieht. Auf jeden Fall halten Frauen auch auf Fotos nach Emotionen Ausschau. Lächle auf deinen Pics, zeig, dass du ein sympathischer Typ bist – und gib dich nicht aalglatt. Dazu bist du im Chat ehrlich, direkt, frech und witzig, jedenfalls nicht fad! Wenn du auf Sex aus bist, dann fällst du nicht mit der Tür ins Haus, sondern führst langsam zu dem Thema hin und verpackst es dann charmant. Wirklich sehr oft habe ich gehört, dass das absolute No-Go tatsächlich Bilder mit einem nackten Oberkörper sind. Ein solches Foto wirkt aufgesetzt, arrogant, überheblich und für relativ viele Frauen abtörnend. Ein weiterer Tipp: Wer nur Gruppenfotos reingibt, hat das Prinzip nicht verstanden. Wen soll die Frau denn liken? Deine Freunde?

Wenn du wirklich viele Frauen über diese App datest, dann wird es irgendwann zur Routine. Ich war bei meinem ersten Online-Date gespannt und aufgeregt. Natürlich ging es nicht um ein echtes Blind Date, aber außer ein paar Bildern und den wichtigsten Infos wusste ich kaum etwas über die andere Person. Ab der vierten, fünften Bekanntschaft war ich dann wirklich entspannt. Bei Tinder gibt es nichts zu verlieren – außer Zeit. Solltest du keine gute Gesprächsbasis finden, kannst du das Ganze auch nur höflich bei einem Getränk belassen und dich nett verabschieden. Teilweise stellen Frauen veraltete und viel zu schmeichelhafte Bilder von sich rein, die überhaupt nicht der Realität entsprechen. Sich auf Facebook oder Instagram vor dem Treffen nach weiteren Bildern umzuschauen, lohnt definitiv.

Wie gehst du online am besten vor? Welche Gefahren gibt es? Zum Date selbst kommen wir im nächsten Kapitel. Lass dich im Chat nicht auf langwierige Gespräche ein – man glaubt sonst schnell, die Person besser zu kennen, als es der Wahrheit entspricht. Die erste Regel: Solange ihr euch nicht zumindest einmal im realen Leben getroffen habt, bau keine Beziehung auf. Mach dir keine Hoffnungen, stell dir nicht schon den nächsten Urlaub mit ihr vor. Hinter den hübschen Fotos kann wer weiß wer stecken. Wenn du tinderst, solltest du deshalb spontan sein und möglichst in den nächsten Tagen ein Rendezvous verabreden. Sie muss sehen: Der Mann hat einen Plan. Du chattest kurz, erzählst, was du so machst, und dann vereinbarst du ein Treffen. Du sagst wann, wo, wie. Entspannt und ohne Stress auf einen Drink in einem netten Lokal. Bleib unverbindlich, bis ihr euch getroffen habt, und dann siehst du, wie es läuft. Das Allerwichtigste: Du musst ganz genau wissen, was du willst! Du kannst auch sagen: »Mal schauen, was sich entwickelt, ich bin für alles offen.« Dann weiß sie, was du willst, nämlich: Einfach mal jemanden kennenlernen und schauen, was sich entwickelt.

Wenn es dir nur um Sex geht, dann lüg nicht. Frauen durchschauen das sofort. Vermittle ihnen das Gefühl von Lockerheit, hör zu und steh dazu, dass du gern Sex hättest. Viele Frauen bei Tinder wollen auch nichts anderes. Sie stellen oftmals nur eine Bedingung: Der Mann muss ein gewisses Selbstbewusstsein haben, soll sich nicht einschüchtern lassen und das Gefühl von Geborgenheit vermitteln. Ein Gefühl, das man ja für ein paar Stunden teilen kann. In der heutigen Welt sind One-Night-Stands, Affären und kurze Bekanntschaften extrem weit verbreitet. Manche können gut damit umgehen, manche weniger. Kennst du dich selbst gut genug und weißt, ob das für dich infrage kommt? Wenn nicht, dann verstell dich nicht. Du kannst beim Online-Dating genauso gut deine nächste Freundin, deine zukünftige Frau und große Liebe kennenlernen. Alles ist möglich, immer. Aber versteif dich nicht zu sehr bei dem Gedanken an die einzige wahre Liebe, sondern bleib dir und deinen Prinzipien treu. Lass die Tinder-Prinzessinnen ganz ruhig auf dich zukommen. Das Tinder-Date ist ein Termin in deinem Tagesablauf – und ein schöner noch dazu. Du tust dir damit etwas Gutes, so wie du zur Massage gehst oder zum Kicken. Nach der Arbeit noch trainieren, dann in eine Bar, um sich mit einem hübschen Mädel zu treffen. Das ist doch auf jeden Fall ein guter Abend! Du suchst eine passende Location – etwas Gemütliches im Winter, sonnig und relaxed im Sommer. Man unterhält sich, kommt ins Flirten, fragt nach, hört einander zu, trinkt ein, zwei Drinks zusammen. Ich komme ihr näher, wir küssen uns, und dann? Dann sag ich, worauf ich Lust habe, ganz offen: »Also ich würd jetzt gern noch nach Hause gehen und ein Glas Wein trinken, kommst du mit? Es ist nicht weit.« Du hast die Bar ausgesucht, die gleich bei dir in der Nähe ist, du hast einen Wein zu Hause, du hast eine aufgeräumte, nette, gemütliche Wohnung, in die du Frauen mitnehmen kannst. Sie weiß, dass das kein Zufall ist. Wenn du frech schmunzelst, findet sie das sogar süß. Was sie aber definitiv sieht: Dieser Mann hat einen Plan. Er weiß, was er will, und das finden sie attraktiv. Sie kommt mit? Super! Du bist ganz entspannt, locker, du trinkst mit ihr auf deiner Couch, schmust dann weiter und sehr wahrscheinlich werdet ihr Sex haben. Weil es einfach passt. Wichtig ist: Du bist cool, selbstbewusst, und wenn sie dann doch einen Rückzieher macht – »Nicht beim ersten Date.« – dann lächle und mach ein zweites Date mit ihr aus.

Frauen wollen das Gefühl haben, etwas Besonderes zu sein. Die Einzige für dich. Sie wollen die Ausnahme sein. Aus Zeitgründen und aus Bequemlichkeit habe ich beim Online-Dating über Monate die Matches ausschließlich mit »Hallo, schöne Frau« angeschrieben. Immer. Einige haben mir beim Date dann gesagt, dass sie da fast ein wenig beleidigt gewesen sind, weil diese Begrüßung so austauschbar ist.

Wenn du zum Beispiel schreibst, dass dir nie eine Frau auf Augenhöhe begegnet ist und dir keine gut genug war, dann kann das auf einige Frauen extrem anziehend wirken. So nach dem Motto: »Den knack ich!« Sie wollen zeigen, dass sie besonders sind, und du gibst ihnen nun die Möglichkeit. Sie wollen sich vom Durchschnitt abheben und bemühen sich deshalb um deine Anerkennung und Aufmerksamkeit.

Was tun, wenn Tinder bei dir nicht funktioniert? Das ist eine Frage, die viele Männern stellen. Wie ein gutes und verlockendes Profil aussehen sollte, habe ich kurz erklärt. Wenn du weißt, dass du eher kleiner bist, dann bring das beiläufig zur Sprache. Ich weiß nicht, wie oft ich von Frauen gehört habe, wie sehr es sie genervt hat, dass die Typen bezüglich ihrer Körpergröße gelogen haben. Bleib bei der Wahrheit, das spart Zeit.

Ganz grundsätzlich: Wer heutzutage Single ist, ist auf Tinder. Das hört man oft. Viele Frauen nutzen Flirt-Apps, um festzustellen, wie hoch ihr Marktwert ist und um ihr Selbstbewusstsein zu pushen. »Ich bin hier, um mehr Instagram-Likes zu bekommen«, habe ich auch ein paarmal gehört. Also, da kann man doch kotzen bei so was! Bei uns Männern funktioniert das so auch nicht. Lass dich nicht von Tinder bewerten! Hier zählen einzig und allein deine paar Fotos, es geht nur ums Aussehen und darum, ob du zufällig in ein bestimmtes Schönheitsideal passt. Wie du wirkst, wie du sprichst, wie du dich bewegst, fließt nicht in deine Bewertung ein. Die Frau bekommt nur oberflächliche Informationen und nach denen wählt sie aus. Sie kann gar nicht anders, sie hat keinen anderen Input. Wie bereits erwähnt, schauen Frauen in Wirklichkeit gar nicht so sehr aufs Aussehen.

Ich halte Online-Dating trotzdem für eine gute Sache, weil es selbst den Schüchternsten unter uns einen Flirt ermöglicht. Klar muss aber sein: Ein Kennenlernen im echten Leben ist nachhaltiger und romantischer. Online-Dating ist gefährlich, kann dich kalt und seelenlos machen und passt einfach perfekt in unsere schnelllebige Wegwerfgesellschaft. Wenn du es nutzt, übertreib's nicht, vergiss nicht, weiter auszugehen, und stopf deine Freizeit nicht voll mit Dates. Wenn du in der heutigen Online-Dating-Zeit noch eine Frau im wirklichen Leben ansprichst, gehörst du schon zu den positiven Ausnahmen, und GARANTIERT ist die Frau davon beeindruckt. Wieso macht er sich die Mühe? Wieso spricht er mich an, wenn er einfach am Handy rumwischen könnte, wo sich zig Frauen anbieten?

DAS DATE: GESPRÄCHSFÜHRUNG & ÜBERZEUGUNG

Gute und richtige Kommunikation ist eine *ars vitae* – eine Lebenskunst –, und die Kontaktaufnahme und das Gespräch mit Frauen ist für uns Männer im Grunde die ultimative Ausübung dieser Kunst.

Du hast die Frau fürs Erste überzeugt, du hast ihre Telefonnummer, ein Treffen ist vereinbart. Es kommt zu einem Date. JAAA! *Time to shine, Baby*! Ist das schön ... Nichts ist schöner als die gespannte Erwartung, die Vorfreude, das Kribbeln. Juhu! Genieß diesen Moment! Sei nicht nervös, sei positiv angespannt und saug das Gefühl so richtig auf. Gibt es etwas Schöneres als Vorfreude!? Du triffst dich gleich mit einer Frau, die dir gefällt, es könnte weitaus schlimmere Abendbeschäftigungen geben, oder?

Bleib cool! Relax! SIE hat Ja gesagt, als sie Nein hätte sagen können. Das heißt, dass irgendetwas an dir interessant ist. Sie will dich sehen.

Das erste Problem beim Date: Es ist klar vereinbart und alles andere als ungezwungen. Beide wissen: Okay, wir wollen uns irgendwie kennenlernen und das kann vielleicht ein bisschen peinlich werden, eine unangenehme Situation. Vor allem hängt hier sehr viel von dir, vom Mann, ab. Gut ist es deshalb, die Dates aus diesem engen, aufgezwungenen Korsett zu befreien. Nimm die Lady mit auf eine Party, auf ein Konzert, geh mit ihr Bowlen oder Eislaufen. Mach etwas mit ihr, das du sonst auch machen würdest. Damit mein ich nicht, dass du sie zur LAN-Party mit Chips und Bier und deinen Homies mitnehmen sollst. Aber vielleicht gibt es eine Geburtstagsparty, ein Konzert oder ein Essen mit Freunden, bei dem auch andere Frauen anwesend sind. Oder ihr geht zusammen Badminton spielen – was du eben so machst. Nimm sie mit in deine Welt. Das ist dein Terrain, hier kennst du dich aus. Da lernt ihr euch am besten kennen und das ganze Treffen wirkt viel normaler und lockerer. Wichtig ist: Du musst eine gewisse Lockerheit vermitteln, du musst Freude zeigen und souverän sein. Dann ist es ganz egal, wo du mit ihr hingehst und was du mit ihr machst.

Zurück zum Start: Du hast eine Frau kennengelernt und dich gut mit ihr unterhalten. Du hast ihre Nummer und du meldest dich, um das erste Date zu vereinbaren. Es ist zwar in der heutigen Zeit schon ziemlich untypisch und aus der Mode geraten, aber einen Anruf find ich persönlich besser, als zu schreiben. Ein Anruf zeigt Mut, ist unkomplizierter, beugt Missverständnissen vor und geht schneller. Und dann kommt es zum Rendezvous!

Wenn du nicht anrufst, kommt es auf dein *text game* an. Dazu nur ein paar Worte: Wir haben unser Smartphone in jeder Lebenssituation dabei und interpretieren eine Nachricht grundsätzlich unserem aktuellen Gefühlszustand entsprechend. Je nachdem, ob du gerade gut gelaunt oder genervt bist, nimmst du auch die Nachricht so oder so wahr. Achte darauf, dass jeder anders textet, sich anders ausdrückt, anders auf bestimmte Situationen reagiert, und sei ja vorsichtig mit Sarkasmus und Ironie.

Außerdem: Wir müssen nicht immer erreichbar sein! Du musst nicht zwingend nachfragen, wenn du einmal keine Antwort bekommst. Der

Mainstream, Medien und Gesellschaft, wollen dir gern einreden, dass die Romantik am Ende immer siegt. Wie oft hörst du die unvergleichlichen Backstreet Boys und dergleichen? Ich steh dazu, ich liebe die Backstreet Boys, aber: Glaube ich wirklich an das, was sie da singen? Gerade Schnulzen und Liebeslieder vermitteln den Eindruck, dass du einer Frau nachrennen solltest und genau das zu etwas führen kann. (Stichwort: *one-itis* – Es gibt nur die eine wahre Liebe, die mich retten wird.) Es ist nicht nur die Musik, sondern auch die Filmindustrie, die gutbürgerliche Meinung, der gute Freund, den du um Rat fragst … Sie alle sagen dir: Bemüh dich um eine Frau! Nach dem Motto: Wenn nichts zurückkommt oder sie ausweicht, dann musst du mehr investieren. Je weniger zurückkommt, desto verzweifelter versucht man, das Ruder noch herumzureißen. Sie antwortet knapp, du zeigst noch mehr Interesse. Liebe sie mehr, so die verbreitete Meinung, dann wird alles gut. In Wirklichkeit läuft es leider nicht so. Gewöhn dich daran! Lauf keiner Frau nach, sie ist dir nichts schuldig. Wenn sie sich Zeit lässt, um zurückzuschreiben, dann ist es so. Sei nie beleidigt oder in deinem Stolz angegriffen.

Noch einmal: *DESTROY YOUR EGO*! Wenn sie dich dreimal versetzt, dann bringt es garantiert nichts, sie noch mehr zuzutexten. Zeig deinen Willen, zeig dein Interesse, stehe dazu, aber lass dir nicht auf dem Kopf rumtanzen! Du schießt dir damit ein Eigentor! Wenn du immer noch mehr Nachrichten schreibst und noch mehr Interesse zeigst, wirkst du nicht begehrenswert, sondern deprimiert und *needy*. Sie wird sich denken: Hat der zu wenig Umgang mit Frauen? Und wenn ja, woran liegt das? Bleib bei dir, bleib interessiert, sprich über Insiderwitze, bring sie zum Lachen, sei emotional, locker, lustig, unbeschwert. Aber sieh zu, dass du so bald wie möglich ein Date arrangierst.

DAS ERSTE TREFFEN

Wir haben oft davon gelesen und es noch öfter in amerikanischen Sitcoms und Filmen hautnah mitverfolgt: das klassische Date. Der erste Schritt, bevor du dich aufmachst: Bring dich in einen aktiven Zustand und verwende dein Action-Mantra. Ein kurzer, scharfer Motivationssatz für eine spontane Aktivierung, bevor Unbekanntes, Neues auf dich zukommt, etwa: »Ich werde sie begeistern!« Das ist ungemein hilfreich, um sich schnell bereit zu machen. Sag dir das vor, sei positiv und freu dich einfach. Genau jetzt kommt deine große Performance!

Wir gehen vom Klassiker aus. Zuerst Drinks in einer Bar, danach ins Kino. Kannst du so machen, kommt gut, wenn sie den Film sowieso sehen mag. Lässt sich auch leicht planen. Wie kommst du hin? Wie kommt sie hin? Holst du sie ab? Wenn du in der Stadt wohnst, trefft ihr euch direkt vor Ort. Auf dem Land hast du vielleicht ein Auto und fragst, ob du sie abholen kannst – so was hat Klasse. Eine Bar gibt's meistens in der Nähe vom Kino. Dort trinkt ihr erst einmal ein, zwei Drinks, um locker zu werden. Die Kinotickets hast du schon vorher reserviert. In manchen Kinos gibt es Zweiersitze oder Doppelsitze, du weißt schon: ohne die störende Armlehne in der Mitte. Falls möglich, nimm die, da kommt man sich schneller näher und das Schmusen geht einfacher. Also das Programm steht, nach dem Film kannst du vielleicht noch spontan in der frischen Abendluft mit ihr spazieren gehen, grundsätzlich kann von der Planung her aber nichts schieflaufen.

Ihr könnte euch auch einfach nur in einer Bar, in einem Café treffen, um zusammen etwas zu trinken. Das Szenario sieht jedenfalls so aus, dass ihr irgendwo beieinandersitzt – leise hört ihr den imaginären Gong im Kopf: Los geht's! Lernen wir uns kennen!

Wichtig: Sieh zu, dass du von Anfang an Interesse zeigst, ohne hektisch oder überfallsartig zu wirken. Gib dich dem geheimnisvollen *teasen* hin. Das ist eine Pick-up-Technik, die zum Zweck hat, vertrauenerweckende Signale auszusenden. Da sind wir wieder beim Rapport – du willst eine Verbindung mit ihr aufbauen. Ihr wollt beide das Gleiche, ihr seid beide etwas nervös, ihr habt beide schon gute und schlechte Erfahrungen hinter euch. Das ist alles menschlich und verbindet euch. Du könntest ihr etwas zuflüstern, ihr näherkommen. Versuche Körperkontakt herzustellen – und wenn es nur ein kurzes Berühren der Schulter zu Beginn ist. Achte drauf, ob deine Signale erwidert werden. Beobachte die nonverbale Kommunikation – die Synchronisation eurer Bewegungen etwa deutet darauf hin, dass ihr auf derselben Wellenlänge funkt und euch dem Gegenüber anpasst. Wenn einem Gesten oder bestimmte Aussagen, coole Sprüche und Grimassen eines Menschen gefallen, dann ahmt man sie auch nach. Wenn ihr gemütlich zusammensitzt und beispielsweise gleichzeitig den Drink hebt oder den Kopf auf die Seite legt (möglicherweise leicht zeitversetzt), ist das schon mal sehr, sehr gut. Sie wendet sich dir zu, und ihre Augen sind offen und wach. Das zeigt Neugierde.

Bleib ruhig und stell keine überstürzten Fragen. Du musst dich nicht verstellen, sei du selbst, ohne gleich alles von deiner Kindheit an zu erzählen. Gib dich interessant und geheimnisvoll – lass sie dich entdecken! Lass die Frau ruhig reden und kram in den Gesprächspausen nicht sofort fieberhaft das nächste Gesprächsthema aus deinem Gedächtnis. Wirf ihr stattdessen ein ruhiges, ermutigendes Lächeln zu. Betrachte Gesprächspausen grundsätzlich nicht als unangenehm, sondern als Möglichkeit, kurz innezuhalten und dein Gegenüber zu betrachten. Gib der Frau genauso die Möglichkeit, dich anzusehen, indem du deinen Blick kurz schweifen lässt. In der Ruhe liegt die Kraft, mein Freund. Deshalb, genau deshalb, plaudert es sich am besten mit dem gemeinsamen Blick auf die Berge, die Sterne, das Meer oder die Stadt. Einen schönen Ausblick und eine tolle Atmosphäre gibt es zwar nicht immer, aber das im Hinterkopf zu behalten, schadet nicht, wenn es darum geht, den Ort des Dates auszuwählen.

Achte auf Augenkontakt! Wenn eine Frau dir eine Frage stellt, dann wird sie dich ansehen, weil sie deine Reaktion interessiert. Männer machen das oft nicht, was als unsicher und unhöflich wahrgenommen wird. Schau ihr in die Augen, wenn sie spricht!

Wenn du absolut nicht weißt, worüber du reden sollst, dann kannst du dich auch am US-Psychologen Dr. Arthur Aron orientieren. In einer Studie hat er herausgefunden, dass angeblich nur 36 Fragen nötig sind, damit sich zwei fremde Menschen ineinander verlieben. So einfach ist es nicht, aber die Fragen sind so strukturiert, dass zuerst einfach nur das Eis gebrochen wird. Je weiter du mit deinem Date mit den Fragen vorankommst, desto persönlicher werden sie. Du lernst den Menschen tatsächlich kennen. Es geht darum, dass Gemeinsamkeiten gefunden werden. Schau dir die Fragen an, zumindest wird dich die Sammlung auf ein paar Ideen und Gesprächsthemen bringen.[30] Ansonsten, wie bereits erwähnt, sprecht über eure Leidenschaften! Du hast zumindest drei Hobbys, die dir gefallen, über die du gern redest, wo du etwas erzählen kannst. Frag nach und sie wird dir von ihren Reisen, ihrem Job, ihrer Ausbildung, ihren Träumen, ihren Wünschen erzählen.

Über das Auftreten und die richtige Körpersprache haben wir schon gesprochen. Natürlich gibt es in weiterer Folge auch zielgerichtete Verführungsstrategien. Die Grundlagen sind nichts Neues: Du bist interessiert an ihr und zeigst das. Du machst ihr ehrliche Komplimente und hörst zu, was sie zu sagen hat.

Jeder Mensch redet am liebsten über sich selbst. Das wissen alle Experten und Wissenschaftler, die mit Menschen zu tun haben – und mit deren Beeinflussung. Das weiß auch Thorsten Havener. Havener ist ein bekannter Gedankenleser und nimmt in seinem Buch *Ich weiß, was du denkst* auch Bezug auf Neil Strauss' *The Game*. Havener beschreibt dessen Taktik so: »Strauss benutzt einen fixen Leitfaden der Sprache und Körpersprache, verbunden mit verbalen Kontrolltechniken, die er als ausgefeilte psychologische Strategie einsetzt, um Menschen von sich zu überzeugen und ihnen ein angenehmes Gefühl zu vermitteln.«[31]

Es gibt einfache Methoden, um einem Menschen das Gefühl zu geben, man interessiere sich für ihn und verstehe und kenne ihn bereits. Wird diese Technik gut beherrscht, dann ist sie wie eine warme Decke, die sich um den Gesprächspartner legt. Vielleicht hast du auch schon Menschen kennengelernt, die dir von Anfang ein behagliches Gefühl vermittelt haben und bei denen du gedacht hast, du könntest mit ihnen einfach über alles reden.

Um jemandem zu vermitteln, dass du ihn gut kennst, bleib am Anfang neutral in seiner Beschreibung: »Du bist ein sehr aufgeschlossener Mensch, der sehr gut auf andere zugehen kann. Du magst den Umgang mit Menschen und weißt ein gutes Gespräch zu schätzen – aber nur, wenn die Grundlagen stimmen. Wenn die Atmosphäre nicht stimmt, kannst du auch sehr in dich gekehrt sein und dich eher introvertiert zeigen«.[32] Kaum jemand wird das abstreiten. Diese Sätze treffen auf ganz viele von uns zu. Je mehr Menschen du kennenlernst, desto schneller wirst du sie verstehen und sie auf deine Ebene bringen. Du kannst, wenn du Menschen analysierst, in die Tiefe gehen und dadurch großes Vertrauen wecken. Konzentrier dich auf die positiven Charaktereigenschaften deines Gegenübers und benenne sie klar. Dadurch kommst du auf eine ganz andere Gesprächsebene. Es wird vertraut, vielleicht kann man Geheimnisse miteinander austauschen, man lernt sich richtig kennen. Selbst wenn du einmal auf die psychologische Ebene kommst und dich verrennst, zeigst du, dass du dir Gedanken machst und dich für sie interessierst. »Du bist ein Mensch, der gern das letzte Wort hat, du bist vielleicht ein klein wenig stur, aber du stehst zu deiner Meinung und hast einen großen Gerechtigkeitssinn. Du bist sozial und denkst an andere. Du hast ein großes Herz, aber das öffnest du nicht jedem.« Du sollst diese Dinge nicht auswendig lernen und planlos aufsagen, sondern einfach bedenken, dass viele Menschen so ticken und die Dinge, die zutreffen, die kannst du dann benennen. Sei empathisch, fühl dich in andere ein.

DREI DATES AUF DEM WEG ZUR VERFÜHRUNG

Ein sehr gutes Modell einer adäquaten Verführung sind die sogenannten »drei Dates«. In den USA wird dieses Modell oft praktiziert und es gibt auch in Europa durchaus ein unausgesprochenes Einverständnis zwischen Männern und Frauen, dass es ab dem dritten Date »ernst« wird.

Beim ersten Treffen findet eine nette Unterhaltung statt, du achtest darauf, dich gut zu präsentieren und Begeisterung für deine Person hervorzurufen. Deine Persönlichkeit wird grob umrissen. Ein Kuss beim ersten Date ist super, aber kein absolutes Muss. Meiner Meinung nach solltest du aber beim zweiten Treffen auf jeden Fall eine Situation herbeiführen, in der ein Kuss angebracht wäre. Zweisamkeit, Romantik, ein tiefer Blick in die Augen ... Und dann kannst du sie küssen. Frauen träumen von dem Moment, in dem sie mit einem Mann vor einem prasselnden Kaminfeuer sitzen, auf einer weichen Decke mit einem guten Glas Rotwein in der Hand ... und dann verführt werden. Das muss man wissen, um diesem Bild zu Hause in der eigenen Bude zumindest nahezukommen. Statt Kaminfeuer gibt es vielleicht Kerzen und statt einer weichen Decke eine bequeme Couch.

Aber abgesehen davon: Wenn sie sich noch einmal mit dir trifft, ist klar, dass sie interessiert ist und sich auch küssen lassen würde. Erschaffe den Moment. Ob sie dich gern hat oder anziehend findet, weiß sie bereits.

Nachdem ihr schon ein wenig Zeit miteinander verbracht und ein intensiveres Gespräch zu zweit geführt habt, solltest du auf jeden Fall versuchen, ihr näherzukommen. Gerade wenn du dich schwertust mit dem ersten Schritt, kannst du kleine Berührungen initiieren, die das Eis brechen und dir zeigen, wie sie reagiert. Du musst ihr nicht superromantisch, gekünstelt und hauchzart eine Strähne aus dem Gesicht streichen. Besser ist ein einfaches: »Ah, das muss ich dir noch erzählen.« Dabei berührst du sie leicht an der Schulter. Oder am Rücken, wenn du sie wie ein Gentleman vor dir in die Bar lässt. Das baut die Spannungen ab und hilft euch, einander näherzukommen und euch wie Freunde, Vertraute zu unterhalten und nicht wie zwei komplett Fremde. Apropos Gentleman: Viele Frauen legen Wert auf traditionelle Manieren. Der Frau den Vortritt zu lassen, ihr die Tür aufzuhalten oder in den Mantel zu helfen ist die gute, alte Schule und hat noch jedem Mann gut zu Gesicht gestanden. Viele Frauen leiten viel davon ab: »Er weiß, was sich in der Öffentlichkeit gehört.« Gerade beim ersten Date wird darauf geschaut.

Wenn deine Herzensdame diese Dinge als zu selbstverständlich ansieht und ein Verhalten zeigt, das dir nicht gefällt, dann mach ihr deutlich, dass sie eine Grenze überschreitet. Es gibt Frauen, die stecken sich eine Zigarette in den Mund und erwarten von dir als Gentleman, dass du sofort das Feuer zückst und bereitstehst. Andere halten dir ihre Jacke wortlos hin, weil sie wollen, dass du sie aufhängst. Sie erwarten von dir, bedient zu werden. Das ist der perfekte Moment, um zu zeigen, welches Verhalten du akzeptierst und welches nicht. Du kannst dir durchaus Dinge rausnehmen, die gegen gebräuchliche Konventionen verstoßen. Du musst nicht immer höflich sein, wichtiger ist es, authentisch zu sein. Du bist ein unabhängiger, souveräner Mann. Wenn dir das Verhalten eines anderen Menschen nicht passt, dann erfülle ihm nicht auch noch seinen Wunsch. Handle bei schönen Frauen nicht anders als bei allen anderen Menschen.

Was ist dein Ziel für das erste Date? Beim ersten Date sollte die Dame mit einem Lächeln nach Hause gehen. Im besten Fall denkt sie sich: »Wow, was für ein Typ. Ich will ihn besser kennenlernen.« Sie sollte gut gelaunt an diesen Abend zurückdenken. Sie hat einen interessanten Menschen kennengelernt und es gibt noch viel zu entdecken. Es hat gefunkt.

Beim zweiten Date solltest du schon mit etwas schwereren Geschützen auffahren. Wie gesagt, du führst gewisse Situationen herbei, es wird romantisch. Da geht's dann in weiter Folge auch darum, sexuelle Anziehung zu erzeugen. Durch kleine, sachte Berührungen, die später intensiviert werden. Du berührst sie nicht mehr nur nebenbei und kurz, sondern länger und während ihr euch küsst. Der Kuss passiert, weil du dich ihr näherst. Sie ist interessiert an dir. Küss sie, wenn euch die Themen ausgehen, wenn der Moment da ist. Du zeigst deinen Willen und dein Begehren. Dann wird's spannend. Wie kommst du zum dritten Date? Ihr wisst nun beide, um was es geht.

Wenn ihr dieses dritte Tête-à-Tête vereinbart und du mit dem »Schauen wir zusammen DVD«-Schmäh kommst, liegt auf der Hand, dass es dir hauptsächlich um einen Vorwand geht, um Sex zu haben. Das Gleiche gilt für: »Kochen wir etwas zusammen!« Ich bleib in so einer Situation gern weiter beim lebhaften *storytelling*. Je mehr du eine blumige Geschichte über dein köstliches Menü erzählst, desto mehr lenkst du ab. Das zweite Date läuft gut, du sprichst dann darüber, was ihr noch Tolles gemeinsam erleben könnt. Das Gesprächsthema lenkst du irgendwann aufs Essen und Kochen, auf die Kulinarik. »Ja, wir können ja das nächste Mal zusammen was kochen!« Vielleicht wird sie mit den Augen rollen oder schmunzeln, aber du bleibst gelassen. Du redest darüber, wie gut du letztens gegessen hast, dass du immer schon eine Leidenschaft für die italienische Küche hattest, dass du Spinat hasst, wogegen du allergisch bist, völlig egal. Du bleibst beim Thema Essen und weckst ihre Neugier. Für mich persönlich funktioniert das deshalb, weil ich hier nichts vorspielen muss. Ich koche ausgesprochen gern für eine hübsche Frau. Ein Mann, der gut kochen kann, hat enorme Vorteile. Frauen lieben den Mann in der Küche, und sie lieben es, wenn du dir Mühe gibst und eine romantische Atmosphäre schaffst: Schönes Tischgedeck, ein paar Kerzen, passende Musik, so etwas. Und wenn du nicht gut kochen kannst, dann werden viele Frauen dein Bemühen zumindest süß finden. Das ist das Schöne: Aufrichtiges Bemühen wird von Frauen honoriert. Also: »Du bringst den Wein, ich koche!« ist die perfekte Einladung zum dritten Date. Das kann natürlich auch in einem Restaurant stattfinden oder ihr geht zusammen Eislaufen oder Bowlen. Jedenfalls solltest du während des Dates eine sexuelle Anspannung schaffen. »Gehen wir zu mir«, sagst du am besten, kurz nachdem ihr euch leidenschaftlich geküsst habt.

Wir bleiben für den Moment mal beim gemeinsamen Kochen und der klassischen Verführung bei dir zu Hause. Du kannst nur gewinnen, sie wird höchstwahrscheinlich nicht die allergrößten Erwartungen an deine Kochkünste haben. *Va bene!* Jetzt kommt der Italiener in uns durch! Zumindest ein einziges gutes Menü solltest du draufhaben. Zum Beispiel: Als Vorspeise gibt's Bruschetta, danach feurige Pasta Amatriciana – begleitet von einem guten Rotwein – und danach als Dessert Mousse au Chocolat.

Wenn sie einmal bei dir zu Hause ist, du tatsächlich etwas Essbares auf den Tisch zauberst, es halbwegs gemütlich mit schummrigem Licht und auch schön warm ist (Frauen ist eigentlich immer kalt!), dann hast du fast schon gewonnen. Holst du dann noch die Gitarre aus der Ecke und spielst ihr etwas vor, dann hast du sie endgültig auf deiner Seite. Aber lass das nicht zu organisiert und geplant wirken. Hast du eine Gitarre und kannst du auch spielen, dann lass sie dein Banjo selbst entdecken. Zier dich ein bisschen – sie wird darauf bestehen, dass du ihr etwas vorspielst!

GUTE VORBEREITUNG

Aber Schritt für Schritt. Das Date zu Hause sollte sorgfältig geplant sein. Ihr kennt euch schon ein wenig. Und ja, ein wenig Alkohol zu

Beginn ist immer gut. Ein wenig trinken regt das Gespräch an, lockert die Zunge und macht geselliger. Rotwein ist zudem ein bekanntes Aphrodisiakum, das nachweislich das sexuelle Verlangen steigert.[33] Das Wort Aphrodisiakum leitet sich von Aphrodite – der griechischen Göttin der Liebe – ab. Besonders bei Frauen ist der Zauber Aphrodites schön anzusehen ... Wenn ihre Wangen rot werden und sie anfangen, übertrieben zu kichern.

Als Gastgeber bist du selbstredend bestens auf alles vorbereitet. Die Wohnung ist gemütlich und aufgeräumt. Wenn sie sich nicht wohlfühlt, ist das ein echter *dealbreaker* und sie wird sich nicht entspannen. Wenn sie sich wohl und sicher fühlt, dann ist es recht einfach. Du achtest auf Sauberkeit, Stimmung und Gemütlichkeit, kaufst Kerzen, schöne Weingläser, Wein und Sekt, und wenn es gut läuft, ziehst du die Frau mit gutem Sex vollständig auf deine Seite. Wenn ihr euch küsst und du anfängst, sie auszuziehen, dann kann es noch immer sein, dass sie dich plötzlich wegdrückt und fragt: »Hast du eigentlich Geschwister? Wo bist du aufgewachsen?« Sie will dir sagen: Es geht zu schnell, sie will noch mehr von dir wissen. Sie will sich nicht zu leicht hergeben, und sie will das Gefühl haben, dich zu kennen. Dann entspann dich und plaudere noch ein wenig mit ihr, und nach 20 oder 30 Minuten kommst du ihr wieder näher. Das kann eine Weile so gehen, die PUAs sprechen von der LMR – *last minute resistance*.

Zum Sex nur ein paar Worte: Achte darauf, was sie will, fast jede Frau steht auf ein Vorspiel. »Man muss den Ofen vorher anheizen.« – »Loveboat – no Speedboat!« Vielleicht kennst du die Sprüche. Lass dir Zeit, geh auf sie ein; wenn die Frau erfahren und selbstbewusst ist, wird sie dir genau sagen, was du zu tun hast. Du willst nicht zu früh kommen? Es gibt Kondome, die betäuben und dagegen wirken, aber auch etliche Gadgets im Sexshop. Du hast Potenzprobleme? Das kann stressbedingt sein oder es kann eine medizinische Sache sein, ich sag nur: Fragen Sie Ihren Arzt oder Apotheker.

Die Gedanken, die du dir vielleicht machst, haben sich schon viele Männer gemacht. Bin ich gut genug? Geh auf die Frauen ein und genieß es einfach. Leg nicht los wie ein Presslufthammer. Achte auf ihre Bewegungen. Sie wird dir vermitteln, was ihr gefällt. Informier dich, es gibt massenweise Literatur. Frauen ticken beim Sex sehr unterschiedlich, jede mag etwas anderes. Die einen wollen gern an den Brüsten liebkost werden, die anderen wollen, dass du am Ohr knabberst, manche wollen es unbedingt mit der Zunge, manche wollen es sanft, manche härter und leidenschaftlich. Erkenne und deute ihre Signale.

Außerdem: Beim ersten Mal wird es selten so gut sein wie später, wenn man sich gut kennt, vielleicht sogar liebt und sich so richtig gehen lassen kann. Damit sich die Frau beim Sex wohlfühlt, zeig ihr, dass du entspannt bist, mach keinen Druck und lass es langsam angehen. Frauen müssen einem Mann vertrauen, um sich fallen lassen zu können. Wenn sie es feuriger und leidenschaftlicher will, dann greif zu, aber lass dich gerade zu Beginn ein wenig von ihr führen. Der größte Unterschied zwischen den Geschlechtern: Männer haben Sex, um zu entspannen, Frauen, wenn sie entspannt sind. Ganz gut, das zu wissen! Ein Eindruck, den viele Männer kennen, ist, dass sich, nachdem man das erste Mal mit der Frau Sex hatte, beide endlich normal verhalten können. Endlich ist die Eroberungsphase vorbei und die Spannung fällt ab. Neil Strauss beschreibt das so: »I just wanted to get the whole sex thing over with so we could be normal together. She wouldn't be trying to keep anything from me; I wouldn't be trying to get something from her.«[34]

Es schwingt doch vorher immer diese Spannung mit, dass du als Mann etwas willst und sie dir etwas geben kann. Geht es nicht darum, einen schönen Moment zu teilen?

DIE MAGIE DER VERFÜHRUNG

Ich habe viel von der richtigen Ausstrahlung gesprochen. Jetzt fragst du: Wie verhalte ich mich bei einem Date, damit sie mit so einem Wow-Lächeln nach Hause geht? Wie verdammt noch mal funktioniert die »Magie« – wie verzaubere ich eine Frau? Dafür begibst du dich in die Tiefen der Zauberkiste der Aufreißer. Die Pick-up-Community spricht von *beaming joy*. Es geht um Charisma, es geht um die Entwicklung einer unwiderstehlichen Ausstrahlung. Am besten, du findest für dich eine kleine, exorbitante Masche, die zu dir passt. Zaubertricks sind nie verkehrt. Passen sie zu dir? Es muss spontan wirken. Wenn du mit den Zauberkarten in der Tasche zu einem Date gehst, wirkt das nicht authentisch, nicht zauberhaft, sondern vorbereitet und professionell.

Es gibt genug sogenannte Games und Gimmicks, kleine Spiele und Zaubertricks. Such einfach mal im Internet. Der Klassiker der PUAs ist der sogenannte Cube Test. Ein kleines Gedankenspiel, mit dem du Menschen eine Einschätzung ihrer Persönlichkeit mitgibst. So etwas parat zu haben, ist nie verkehrt. Du erzeugst Bilder im Kopf und regst die Fantasie an.

Du sagst ihr: »Wir machen einen Test. Stell dir vor, du gehst durch eine Wüste. Dann siehst du plötzlich einen Würfel. Wie schaut dieser Würfel aus? Ist er groß, klein?«

Sie antwortet.

»Welche Farbe hat er? Aus welchem Material ist er gefertigt? Ist er durchsichtig oder stabil?«

»Wie weit ist der Würfel vom Boden entfernt?«

»Irgendwo in der Nähe des Würfels ist eine Leiter. Wo ist diese Leiter im Verhältnis zum Würfel?«

Du fragst weiter: »Aus welchem Material besteht diese Leiter?«

All diese Fragen nutzt du, um eine schöne Geschichte anzuregen und ein Bild in ihrem Kopf zu kreieren.

Dann soll sie sich neben Würfel und Leiter ein Pferd vorstellen. Da werden manche Frauenaugen bereits leuchten. Sie soll das Pferd genauer beschreiben: Trägt das Pferd irgendetwas? Vielleicht einen Sattel? Wie sieht das Pferd aus? Was macht es gerade? Als Nächstes kommen Blumen ins Spiel. Spätestens hier hast du ihre Fantasie intensiv angeregt. Wie viele Blumen kann sie erkennen? Wo befinden sich die Blumen im Verhältnis zum Würfel?

Zu guter Letzt kommt noch ein Sturm auf. Es wird bedrohlich! Wie nahe kommt der Sturm in ihrer Einbildung an Würfel, Leiter, Pferd und Blumen heran? Du fragst sie, ob sie Angst vor dem Sturm hat.

Natürlich haben die Vorstellungen, die durch all die Fragen angeregt werden, eine Bedeutung: Die Größe des Würfels symbolisiert das Ego der Frau. Seine Durchsichtigkeit teilt mit, wie offen sie gegenüber anderen Menschen ist. Je näher der Würfel dem Erdboden kommt, desto bodenständiger ist ein Mensch. Die Entfernung zwischen Leiter und Würfel stellt die Nähe der Frau zu ihren Freunden dar. Wenn sie sich vorstellt, dass die Leiter am Würfel anliegt, bedeutet das, dass sie für ihre Freunde eine Stütze ist.

Je härter das Material der Leiter ist, umso ausgeprägter ist die Bindung zu anderen. Ist das Pferd gesattelt, angebunden oder gezähmt, lässt sich darauf schließen, dass sie in einer Beziehung die Kontrolle haben will. Je mehr Blumen sie sich vorstellt, desto mehr Kinder möchte sie bekommen. Und du kannst es dir schon denken: Je näher die Blumen dem Würfel kommen, umso früher möchte sie Kinder haben. Schließlich versinnbildlicht der Sturm Stress und Negatives im Leben. Je näher und heftiger das Unwetter, desto angespannter ist die Person.[35]

Es ist vollkommen egal, ob das Bullshit ist oder nicht, ob du daran glaubst oder nicht. Ist dir schon mal aufgefallen, dass sich viele Frauen mit Sternzeichen und Horoskopen beschäftigen? Es ist lustig, spannend, es regt die Vorstellungskraft an. Es ist etwas Buntes und Emotionales aus deinem Kopf! Das wollen Frauen! Sie wollen erregt werden, und in diesem Fall ist es die Fantasie, die du anregst.

Hier noch ein paar andere Gedankenspiele:

Stell dir vor, du sitzt mit der hübschen Marie bei herrlichem Sonnenschein auf der Terrasse eines netten kleinen Cafés. Ihr lacht euch an und die Chemie zwischen euch stimmt. Beschäftigt euch doch spielerisch mit den Personen um euch herum! Übrigens: Bei einem Date sitzt du idealerweise der Frau nicht gegenüber, sondern ihr sitzt schräg voneinander. Sodass ihr den Blick auch schweifen lassen und euch gleichzeitig näherkommen könnt, ohne euch umständlich über den Tisch zu beugen.

Schaut euch um! Wer sind die Leute um euch herum? Stell dir vor, ihr seid in einer Blase und betrachtet die Welt von außen, ihr sitzt an eurem Tisch, und die Menschen rauschen an euch vorbei. Ihr seid für euch und könnt eure Meinungen über die anderen Leute und eure Umwelt austauschen. Jeder macht das gern, es verbindet, es entsteht eine vertraute und intime Atmosphäre.

Fuck-Marry-Kill eignet sich dafür. Ihr wählt euch gegenseitig zufällig Personen aus und müsst sagen, was ihr mit ihm/ihr anstellen würdet. Fuck, marry oder kill – vögeln, heiraten oder umbringen, wobei Letzteres einfach bedeutet, dass eine Person »gar nicht geht«. So erfährt man viel voneinander und es gibt viel Gesprächsstoff. Warum würdest du diese Frau heiraten, aber mit jener nur ins Bett steigen? Und umgekehrt ...

In dieser Richtung gibt es verschiedene Spiele:

- Fuck-Marry-Kill
- Persönlichkeitstest (Handlesen)
- Lügendetektor

Beim Lügendetektor erzählst du vier persönliche Dinge von dir und eine der Geschichten ist falsch. Sie muss erraten, wann du lügst. Du kannst alles Mögliche erzählen. Am besten sind kuriose Begebenheiten, die dir tatsächlich passiert sind – oder aber abstruse Lügen und Scherze. »Ich habe schon einmal in einem Film mitgespielt. Ich bin schon einmal einen Elefanten geritten. Ich bin in Wirklichkeit schwul.

Ich habe schon den japanischen Kaiser getroffen. Ich bin von meiner Abschlussfahrt nach Hause geschickt worden. Ich war noch niemals in New York. Ich war schon einmal backstage bei Justin Bieber.« Weißt du, was ich meine? Mach es witzig, mach es bunt, male Bilder im Kopf und ihr habt genug Stoff zu reden. Ihr lernt euch auf eine spielerische Art und Weise kennen.

Eine andere Möglichkeit: Du sagst so was wie: »Ja, das ist ja ganz nett bisher mit dir gewesen. ABER: Nur mit diesem Trick können wir herausfinden, ob wir wirklich gut zueinander passen.« Du nimmst ihren Unterarm und einen Stift und schreibst vier Antworten auf, ohne dass sie diese sehen kann. Zum Beispiel: »Pizza«, dann »Fußball« und dann »blau«. Und als Letztes schreibst du das Wort »Unterarm« oder »Hals«. Du hältst die Antworten mit der Hand weiterhin verdeckt und sagst: »Ich stell dir jetzt ein paar Fragen, und du musst spontan antworten. Sag mir das Erste, was dir durch den Kopf geht, dadurch sehen wir, ob wir gut zueinander passen.«

Hab ich schon erwähnt, dass Frauen Spiele lieben?

»Also los geht's: Pizza oder Lasagne?«

Sie antwortet.

»Fußball oder Handball? Rot oder Blau?«

Sie gibt ihre Antworten, und dann kommst du zur Pointe.

»Und was ist angenehmer für dich, das hier …« – du streichst ihr sanft und langsam mit einem Finger den Hals hinab – »… oder das?« – du streichst ihr über den Unterarm. Sie wird im besten Fall mit ihrem Finger auf ihren Unterarm oder Hals zeigen und »Das ist angenehmer.« hauchen.

Worum geht's? Um Kinästhetik – die Macht der Berührungen! Wenn du so ein kompetitiver Irrer bist, der sich jetzt fragt, wie viele Übereinstimmungen ihr habt, dann hast du das Spiel nicht verstanden. Es geht NICHT darum, wie viele gleiche Antworten ihr habt ... Das löst du dann locker auf: »100 Prozent Übereinstimmung, wir passen perfekt zusammen.«, oder: »0 Prozent Übereinstimmung, uh, da müssen wir uns aber noch besser kennenlernen!« Es geht darum, dass du ihr spielerisch näherkommst. Was du gemacht hast, ihre Hand zu halten und etwas drauf zu schreiben, ihr über den Hals zu streichen usw. ist nicht aufdringlich, es ist süß verpackt und wird innerhalb eines Spiels sehr wahrscheinlich toleriert werden.

Was auch sehr gut funktioniert und spannend ist, sind alle möglichen Tricks, die mit Gedankenlesen zu tun haben. Wenn du einen Menschen bittest, an eine Zahl zwischen eins und zehn zu denken, denken die meisten an die Zahl sieben. Das ist die magische Zahl, sieben Zwerge, sieben Berge, sieben Sünden. Am coolsten kommt das, wenn du der Frau sagst, dass sie deine Zahl erraten wird, durch Gedankenübertragung oder was auch immer. Du schreibst »7« auf einen Zettel und sie soll erraten, welche Zahl du genommen hast. 70 Prozent der Leute tippen auf Sieben, vor allem wenn sie schnell entscheiden müssen. Damit haben PUAs schon Britney Spears begeistert.[36]

Zu fragen: »Gefällt dir Zauberei?«, und dann ein bisschen zu überraschen und zu begeistern, ist eine gute Möglichkeit, um ins Gespräch zu kommen – das funktioniert auch als Opener sehr gut. Vergiss nicht, dass der größte Aufreißer – Mystery – auch Zauberer war. Seine legendärste Anmache war: *Do you think magic spells work?* (Glaubst du, dass Magie wirklich funktioniert?)

Was für Möglichkeiten hast du noch, um eine Frau bei eurem Date zu begeistern? Ganz wichtig ist: Zuhören! Einfach nur zuhören, Zwischenfragen stellen, die zum Weitererzählen anregen – so unterhalten sich Frauen auch untereinander. Vielleicht ist dir schon aufgefallen, dass Frauen kaum die Gesprächsthemen ausgehen. Stundenlang, ob am Telefon oder beim Kaffeekränzchen, es wird geplappert und gelabert ohne Strich und Komma. Warum? Weil nachgefragt wird. Weil das Thema weitergesponnen wird. So springen Frauen vom Ablästern über die eigenen Männer zum Stress auf der Arbeit, zu den Kollegen, den neuen Fingernägeln der Kollegin und dann zur Kosmetik, zu Freunden, Schuhen, Gossip, Serien ... Regenbögen ... Einhörnern. Keine Ahnung!

Im Gespräch versuchst du nachzufragen und das Thema weiterzudrehen. Wie beim Volleyball spielt man sich den Ball hin und her. Das Subjekt der Kernaussage wird aufgegriffen, in veränderter Form wiedergegeben, und das Thema wird in sprunghafter Form weitergeleitet.[37] Das klingt komplizierter, als es ist. Du musst einfach zuhören, nachfragen, wenn du etwas nicht verstehst, und neugierig sein. Wenn sie dir eine Geschichte von ihrer besten Freundin und deren Lover erzählt, der sie jetzt endgültig verlassen hat, fragst du interessiert nach: »Oh weia. Und was macht deine Freundin jetzt?« Wie immer musst du natürlich authentisch rüberkommen! Du darfst dich nicht verstellen, und möglicherweise kommst du ja drauf, dass die Story tatsächlich spannend ist. Wenn du ein guter Zuhörer bist, dann spiel das aus. Ruhig, geduldig, sanft – das mögen die Frauen.

Es gibt Dutzende, wenn nicht sogar Hunderte anderer Kommunikationsmethoden, die in der Pick-up-Szene zur Anwendung kommen. Hier seien nur ein paar genannt und kurz beschrieben:

- erotische Imaginationstechnik: Du verwendest Suggestivbegriffe wie »eindringen«, »verschmelzen«, »in den Mund nehmen«. Das kannst du in einem lustigen Kontext oder aber auch gekonnt verführerisch tun.
- gemischte Gefühle aussenden: Frauen zu verwirren, ist eine gute Methode, um dich interessant zu machen. Frauen wollen etwas entdecken, wollen nach tiefen Gefühlen in den seelischen Untiefen des Mannes graben und einen geheimen Schatz entdecken.
- emotionale Spiegelung: Hier geht es um eine gefühlsmäßige Aufnahme der Frauenmeinung und um eine ausschmückende Wiedergabe. Sie erzählt: »Ich war auf Urlaub in dieser Hütte und es war eine sternenklare Nacht.« Du: »Du warst also auf einem entspannenden Urlaub in dieser alten, gemütlichen Hütte – gab's auch ein prasselndes Kaminfeuer?« Wenn du es gut anstellst, werden ihre Augen strahlen.
- Geschichtenerzähler: mein Favorit. Du stimulierst die Begeisterung durch geistigen Input: »Hey, ich muss dir erzählen, was mir neulich passiert ist. Also, ich war unterwegs, steh so im Club an der Theke, und stell dir vor, da kommt ein Typ auf mich zu, fragt mich dies, fragt mich jenes, blabla, und PLÖTZLICH aus heiterem Himmel drückt er mir einen Kuss auf die Wange!« (In diesem Moment könntest du sie im Rahmen der Geschichte natürlich auch auf die Wange küssen.) Wer ein Storyteller ist, der kann Frauen unterhalten. Begeistert von etwas erzählen und Interesse wecken, macht dich spannend. Erzähl, was du

erlebt hast, erzähl Geschichten aus deinem Leben oder dem Leben anderer.

- Porno-Charme: Du nimmst auf Sex Bezug, du redest darüber, du bist offen und erfahren. Du hast ein cooles Selbstverständnis von Sexualität und strahlst das auch aus.
- Spitz- und Kosenamen erkunden, erfinden, verwenden (besonders bei hübschen Frauen beliebt).
- cocky/funny Teaser (»Interessante Schuhe hast du da an.«): Es ist eine Art *backhanded compliment*, indem eine Beleidigung in ein Kompliment verpackt wird. Weiterführend gibt es auch das *negging*: »Weißt du, man sieht deine Haarwurzeln.«, oder: »Du siehst aus wie meine kleine Schwester.« – hierbei geht es um Kontrolle und darum, jemandes Selbstvertrauen zu erschüttern. »Du hast schöne Augen – auch wenn eins größer ist als das andere.«, »Wie mutig von dir, dieses Outifit zu tragen.« – du als Mann kannst Komplimente verteilen und sie genauso schnell wieder zurücknehmen. Es ist eine klassische Pick-up-Masche, die äußerst ungut rüberkommt, wenn man sie nicht richtig beherrscht, und auch massiv nach hinten losgehen kann. Denn wenn du einer Frau so kommst, dann schießt sie auch gern zurück. Wenn ich zynische und frustrierte Möchtegern-Aufreißer getroffen habe, dann waren sie alle Anhänger der Neg-Methode. *Negging* ist nichts für Anfänger. Ich warne sicher auch davor, zu nett zu sein. Aber zu gemein zu sein, kann dich ebenfalls in die Bredouille bringen. Frech und lustig zu sein, heißt einfach: sich nicht anzubiedern. Attraktivität entsteht dadurch, dass du über den Dingen stehst und nicht *needy*, also bedürftig oder notgeil wirkst! Mach dich über dich lustig, über die ganze Flirtsituation, nimm dich selbst nicht so wichtig!

- Am besten wirkt ehrliches Entdecken von Übereinstimmungen und Anknüpfungspunkten. Es geht doch darum, dass du einen anderen Menschen kennenlernen willst, also unterhalte dich und finde heraus, was ihr gemeinsam habt.

DER ERSTE KUSS

Wenn du ein bisschen Übung hast – und die bekommst du nach zwei, drei Dates –, dann funktionieren diese Tricks. Vergiss bei einem Date nie, dass du ihr grundsätzlich gefällst. Sie wollte sich mit dir treffen. Sei charmant und such dir deine Kommunikationsmethoden heraus. Du wirst interessant und empathisch wirken, und wenn du dich näherst und die Signale der Frau richtig deutest, dann kommt es zum ersten Kuss. Es funkt, es knistert ... wunderbar! Ich weiß schon, dieser letzte Step, dieser letzte Move, ist der schwerste. Klar ist, dass er von dir kommen muss. Eine Frau kommt sehr selten auf dich zu, um dich das erste Mal zu küssen. Stell dir vor, du würdest dich dann abwenden oder sie wegdrücken. Eine Frau nimmt dieses Risiko ungern auf sich. Vergiss nicht: Auch sie weiß nicht genau, was du von ihr hältst. Frauen sind oftmals viel unsicherer als Männer. Sei selbstironisch und zeig ihr, dass das Leben einfach, lustig und schön sein kann.

Ich sag sehr gern offen und direkt: »Ich würde dich gern küssen!« Im gleichen Moment bewege ich mich leicht auf sie zu, sodass sie nur mehr die letzten Zentimeter zu meinen Lippen schließen muss. Niemand kann dir da was vorwerfen, das ist nichts anderes als ein Kompliment, ein ehrlicher Wunsch. Du gibst der Frau zu verstehen, dass du sie attraktiv findest. Und das ist zunächst einmal sehr positiv für sie. Natürlich stehst du dann nicht wie angewurzelt da, haust das mal raus und wartest ab. Augen zu und durch! Zittern und Bangen, was sie jetzt macht ... Nein! Du bist, während du das sagst, schon entsprechend näher gerückt. Du hast einen guten Moment dafür gewählt, ihr seid für euch und möglichst ungestört. Du bist ja im Grunde ausgesprochen höflich und überlässt ihr den finalen Höhepunkt. Der Mann umwirbt noch immer die Frau – nicht umgekehrt. Es kann sein, dass sie den ersten Versuch abblockt und dir die Wange hinhält. Das heißt nicht, dass sie dich gar nicht küsst, sondern dass es jetzt einfach nicht passend war. Eine halbe Stunde später kann es schon wieder ganz anders aussehen. Das ist für uns Männer schwierig zu verstehen. Wir denken: Du gefällst mir, ich will dich küssen! Für eine Frau gehört mehr dazu. Wenn sie sich leicht wegdreht, dann rieche ich stattdessen ihr Parfum, sag ihr, wie gut sie duftet, weiche etwas zurück und zeige mich unbeeindruckt. Sie ist noch nicht so weit, sie kennt dich noch nicht genug. Also wieder einen Schritt zurück, weiterflirten. Wenige Sätze später kommt dann zum Beispiel ein: »Ich mag Männer, die sich nehmen, was sie wollen.«, und dann küsst du sie. Du kannst ihr auch auf die Lippen schauen, um ihr klar zu signalisieren, was du willst und an was du denkst.

Zwei Pick-up-Klassiker: Der eine ist, sie ganz ruhig zu fragen: »Willst du mich küssen?« Sie wird, wenn sie es will, womöglich leicht beschämt auf den Boden schauen und »vielleicht« murmeln. In diesem Moment küsst du sie sofort. Der zweite Klassiker besteht darin, das Thema schon in die richtige Richtung zu lenken: »Wie gut küsst du auf einer Skala von eins bis zehn?«

Um einer Frau näherzukommen und intim zu werden, tastest du dich nach und nach vor. Sie wird dir zeigen, was sie will. Berührungen können sehr vielfältig sein:

- Kommunikationstest (kurze Berührung): Du berührst grundsätzlich immer alle! Ein Handschlag bei Freunden, ein Schulterklopfer, ein sanftes Zum-Platz-Führen bei einer Dame ... Über die Berührungen wirst du im wahrsten Sinn des Wortes greifbar, zeigst Selbstvertrauen, hast keine Scheu, hast keine Angst vor Nähe, bist eben das Gegenteil von verklemmt.
- sozial zulässige Berührungen: Die sind etwas intensiver. Während ich ihr ins Ohr flüstere, hab ich die Hand auf ihrer Schulter.
- Spider: den Arm um die Hüfte legen, Intimität initiieren, beobachten, wie sie reagiert, und viele kleine Berührungen einbauen
- küssen
- Heavy Petting (Vorspiel)
- Sex[38]

Der erste Kuss kann ein Feuerwerk sein! Ein Kuss ist für eine Frau eine tiefe, innere Verbindung. Ein Band wird geknüpft, danach ist auf jeden Fall alles anders. Es zeigt im Prinzip, dass sie dich als Mann sieht, als möglichen Geschlechtspartner, und weiterführend, als potenziellen Freund und Beschützer. Achte darauf, dass der erste Kuss etwas Besonderes ist, indem du ein paar Regeln beachtest. Keine heißen Küsse ohne die Möglichkeit zur Isolation. Heißt: Es wird nicht mitten in der Bar vor allen Leuten gleich zu Beginn wild drauflosgeschmust. Küsse sie zuerst auf kleiner Flamme, also nicht gierig, bring Pausen ein, küsse besser zuerst zärtlich, nicht mit voller Leidenschaft. In der Pick-up-Community wird zudem festgehalten, dass der Kuss niemals als letztes Ziel des Abends zu sehen ist. Denn eine Frau, die dich küsst, würde in weiterer Folge auch mit dir schlafen. Hier musst du für dich entscheiden, was du willst. Meiner Meinung nach kannst du ein Frauenherz mittel- und langfristig besser erobern, wenn du dich zurückhältst. Du hast es nicht nötig, die erste Chance auf Sex zu ergreifen. Falls du allerdings eher auf eine kurzfristige Eroberung oder ein Sexabenteuer aus bist – dann bleib dran. Vielleicht will sie auch nichts anderes, sagt es nur nicht so offen. In diesem Fall musst du klar spüren, dass eine sexuelle Spannung da ist. Dann kannst du vielleicht schon intensiver küssen und schauen, wie sie reagiert.

Wenn sie erregt ist und du während des Knutschens im richtigen Moment »Fahren wir zu mir!« sagst, kann das auch für sie absolut richtig sein. Oder sie verneint, meistens, weil ihr das zu schnell geht oder zu unromantisch ist. Sei nicht beleidigt – du bist für sie ja fast noch ein Fremder. Frag nicht noch einmal nach. Fang auch bitte nicht an rumzubetteln oder rumzuschleimen. Sei auf keinen Fall eingeschnappt oder gar sauer. NO HARD FEELINGS! Bleib souverän, hör auf, dich über das Verhalten anderer zu ärgern oder etwas einzufordern. Du nickst einfach nur und sagst: »Okay, dann trinken wir noch was!« Oder du lächelst einfach nur und löst eine vielleicht angespannte Stimmung mit einer lustigen Bemerkung auf: »Genau meine Meinung, Karin!« Oder: »Sehr gut, du hast den Test bestanden. Wir sehen uns noch einmal zum Date. Du hast dich für ein grandioses Rendezvous mit mir mit Kino und Popcorn offiziell qualifiziert!« Setz noch einen drauf, sag dazu: »Gratulation, hier kommt dein Preis.«, und gib ihr einen Schmatzer auf die Wange. Deine nächste Möglichkeit kommt bestimmt.

Schließlich und endlich lebt ein Date von der Anziehung und vom Zutun beider Personen. Du kannst dich noch so anstrengen und eine nächtliche Kutschenfahrt durch einen wunderschönen Park mit anschließendem Candle-Light-Dinner veranstalten, inklusive romantischer Musik und Rose im Mund. Das heißt aber nicht automatisch, dass es ein tolles Date wird.

Du triffst dich mit einem zu Beginn noch fremden Menschen und versuchst einfach nur herauszufinden, ob du mit ihr auf der gleichen Wellenlänge bist. Du bist erst vor kurzer Zeit in ihr Leben getreten, du hast keine Ahnung, was sie so erlebt hat, was sie antreibt, verletzt, fasziniert, begeistert oder so richtig antörnt. Wenn du merkst, da ist etwas, das passt zwischen euch, dann liegt es in deiner Verantwortung, dein Interesse zu vermitteln: »Ich mag dich, magst du mich?« Das fragen sich Kinder – und genau um diese einfache Frage geht es. Und wenn du eine entsprechende Art hast, dann frag ruhig genau so. Das mag lächerlich klingen, aber alles, was ehrlich ist und aus dem Herzen kommt, nimmt andere Menschen mit. Es holt sie ab – es holt sie zu dir.

ERFAHRUNG

Mit der Zeit wirst du merken, dass das Aufreißen mit einem enormen Aufwand verbunden ist. Wenn du keinen Spaß daran hast, wird es schnell mühsam. Überwinden, ansprechen, anmachen – auf Dates gehen, erobern, gefallen. Endlich hat man die Frau überzeugt, und dann wird's erst so richtig anstrengend.

Wenn du in einer Beziehung bist, kommt vielleicht irgendwann der Punkt, wo du es vermisst, Single zu sein. Wo dir die Freiheit abgeht und du keine Lust hast, darüber zu streiten, welchen Film ihr euch abends auf der Couch zusammen anseht. Und dann überlegst du dir: Ist es das, was ich wirklich will?

Du musst eben wissen, was du willst! Was willst du von deiner Partnerin? Und was kannst du einbringen? Das ist oft schwer herauszufinden, aber Entscheidungen zu treffen und zu ihnen zu stehen, ist ein Zeichen von Reife und Beständigkeit. Sei ehrlich zu dir selbst und zu deinen Mitmenschen! Das ist besser für dein Karma, dein Wohlbefinden und erspart dir Zeit und Probleme. Wenn du etwas willst, dann musst du dafür auch etwas tun und zum Beispiel in die zwischenmenschlichen Beziehungen investieren, die du führst. Die schönsten Erinnerungen sind doch die, die man teilt. Ob mit Freunden, Familie oder deinem Schatz. Und mit einer Frau, die du aufrichtig liebst, die schönsten Momente zu teilen, das ist jede Mühe wert.

Und wenn du wirklich unzufrieden bist, dann ändere etwas. Tu es, und rede nicht nur davon. Und ja, das ist mit Arbeit verbunden. Auch dieses Buch zu lesen, ist ja irgendwo Arbeit. Es gibt Unmengen an Material zu diesem Thema, die Nachfrage nach Unterstützung auf dem Gebiet ist riesig. Was wird von einem Mann heutzutage gefordert? Was wollen die Frauen? Vor allem auch: Was darf ich sagen, was nicht?

Natürlich geht es beim Thema Flirt sehr viel um Empathie. Frauen wurden jahrelang diskriminiert, mussten sich sehr vieles hart erkämpfen. So schwer es Frauen (ungerechterweise) in anderen Bereichen unseres Lebens hatten und noch immer haben, so bedeutend einfacher ist es für sie heutzutage, einen Partner zu finden oder zu Sex zu kommen. Eine attraktive Frau hat die Möglichkeit, jeden Abend einen Typen mit nach Hause zu nehmen, und hat auch langfristig kein Problem, sich unter ihren Verehrern den seriösen Mr. Right auszusuchen. Allein: Manchmal hat man das Gefühl, dass die Frauen irgendwie doch immer bei denselben Typen landen und selbst nicht ganz glücklich darüber sind. Warum zieht der arrogante Machotyp die Frauen noch immer an – obwohl wir doch in Europa in einer modernen und emanzipierten Welt wohnen? Es ist nicht so sehr die Arroganz, die sie anzieht, es ist das Selbstbewusstsein. Es sind die selbstbewussten Männer, die eine Ausstrahlung haben, die sexuelle Begierde wecken. Es gibt eine umstrittene Studie, derzufolge eine Gruppe von nur etwa 20 Prozent der Männer mit rund 80 Prozent der Frauen Sex hat.[39] Heißt: Es sind nur wenige Männer, die den Löwenanteil der sexwilligen Frauen anziehen. Frauen werden es selbst nicht zugeben, aber dass alle Frauen mit den gleichen Männern ins Bett hüpfen, liegt auch daran, dass Frauen jene Männer wollen, die auch von anderen Frauen als begehrenswert empfunden werden. Das hebt den sozialen Status eines Mannes. Dieser Status erhöht sich weiter durch verschiedene Dinge: weil sie merkt, dass sie von dir etwas lernen kann, weil sie sieht, dass dich andere bewundern, weil sie erkennt, dass du der Anführer einer Gruppe ist, weil ihr auffällt, dass du Prinzipien hast und deinen eigenen Weg gehst. Führe ein cooles Leben und der Status kommt fast von allein. Du musst nicht angeben – die Frau möchte allein deshalb Teil deiner Welt sein, weil du einen geilen Lifestyle und eine coole Weltanschauung hast.

Frauen wollen, dass ein *high value man* sie aussucht. Und ein solcher wirst du am besten, indem du Erfahrung sammelst. Du rennst nicht einer einzigen Frau nach, sondern lernst viele Frauen kennen. Du wirst immer besser und gelangst möglicherweise in einen sogenannten *state of abundance. Abundance* bedeutet Überfluss, meint aber vor allem: Unabhängigkeit. Es geht darum, über den Dingen zu stehen. Eine Beleidigung? Eine Abfuhr? Ein Misserfolg? Deine Antwort: *I don't give a shit*! Du gelangst in eine Position, in der du alles im Überfluss hast. Du bist also auf niemand angewiesen, du hast mehrere Bekanntschaften, du hast ausreichend Sex, du musst niemandem hinterherrennen, sondern du suchst dir unter allen Frauen, die es gibt, die eine aus, die am besten zu dir passt. Wenn es mit einer nicht klappt – weiter geht's! Ob du fünf Frauen in einer Woche verführst oder auch mal leer ausgehst, hat keinen Einfluss auf deinen *state of mind*. Du bist nicht beleidigt, wenn etwas nicht so hinhaut, wie du es willst. Das gilt vor allem bei Affären oder in den ersten Wochen einer Beziehung. Sie schreibt nicht zurück – sei nicht eingeschnappt! Du hast keinen Einfluss darauf. Sie wird ihre Gründe dafür haben.

Wer *abundant* ist, der hat logischerweise auch eine Balance in seinem Leben. Ein Gleichgewicht erreicht man durch Geben und Nehmen. Wer zu viel von etwas hat, etwa Liebe oder Geld, der muss etwas davon hergeben, um in anderen Bereichen etwas zurückzubekommen. Du kannst dich nicht nur auf eine Sache im Leben fokussieren, weder wird dich nur das Geld oder nur die Liebe zufriedenstellen. Freunde, Familie, Gesundheit, Sport, persönliche Entwicklung, Erfolg bei Frauen, alles hängt zusammen. Das eine beeinflusst das andere.

Pick-up führt dich auf einen Pfad, auf dem du merkst, dass du den Frauen nicht mehr nachrennen musst und auch nicht mehr nachrennen magst. Du suchst sie dir selbst aus, du übernimmst Verantwortung und fängst an, endlich selbst aktiv zu werden. Wenn du immer besser wirst, hast du stets mehrere Optionen. Du hast das, was die Pick-up-Community MLTRs – *multiple long-term relationships* – nennt. Du siehst mehrere Frauen und schläfst mit ihnen. Wenn sie dich rufen, kommst du, wenn du rufst, kommen sie. Du bist ehrlich und sie wissen, dass du mehrere Frauen siehst. Die Welt ist, was du willst, das sie ist. Wenn dich diese Art von Beziehung stresst, du dich dabei schlecht fühlst oder sie als unethisch empfindest, dann lass es bleiben. Du wirst vermutlich ohnehin kaum in diese Situation kommen. Wenn du denkst, du brauchst mehrere Frauen, und für dich ist diese Einstellung normal, dann werden die Frauen auch kein Problem damit haben.[40]

Wenn du immer mehr Frauen kennenlernst, überlegst du dir: Worauf bin ich eigentlich aus? Schau ich tatsächlich nur auf das Aussehen? Geht es mir nur um Sex? Was brauch ich wirklich von einer Frau, um glücklich zu sein? Ist es nur ein perfekt geformter weiblicher Körper, der mich interessiert, oder ist es eine bestimmte Person? Wir können mehr aus uns machen, können unsere Triebe hinter uns lassen, unsere Pornos, Strip-Clubs, Magazine und unsere sexuelle Gier. Frauen inspirieren uns dabei, ein besserer Mensch zu werden.

Was du willst oder nicht willst, weißt du erst mit den Jahren. Selbstironie, ein herzlicher Humor und Optimismus – das wäre meine Antwort. Ich will mit einer coolen Frau meine Zeit verbringen, eine, die mich nicht stresst, mit der ich mich auf Augenhöhe unterhalten kann und die auch ohne mich ein erfülltes Leben hat und nicht abhängig ist. Was brauchst du?

Über die Jahre bin ich immer mehr zu dem Schluss gekommen, dass mir gemeinsames Lachen und eine positive Lebenseinstellung unheimlich wichtig sind. Wenn du dich entwickelst und authentisch bist, dann triffst du auch eine Frau, die wirklich zu dir passt. Du kennst sicher dieses aufgesetzte Verhalten von Typen, die mit ihren Freundinnen reden. Zum Beispiel: Du hast einen guten Freund, ihr sitzt zusammen, trinkt ein paar Bier, redet über Frauen, tauscht euch aus. Alles läuft ganz normal, bis plötzlich sein Telefon läutet und dein Kumpel abhebt. Seine Stimme wird zuckersüß: »Ja, hallo Schatz! Mein liebes Schatzi! Nein, ich wollte mich gerade melden. Nein, ich habe nichts getrunken. Wer noch alles da ist? Nur ich und der Paul. Wann ich heimkomme? Eh bald.« So was in der Art! Was will ich damit sagen? Verstell dich nicht, sonst findest du eine Frau, die nicht zu dir passt, und du musst dich weiter verstellen.

Hat man zwei oder drei Beziehungen hinter sich, die auch noch unglücklich zu Ende gegangen sind, beginnt man womöglich an sich zu zweifeln. Ich kenne einige 30- bis 40-jährige Männer, die bezeichnen sich selbst schon als *post-love*. Für sie ist der Zug schon abgefahren, die Richtige kommt nicht mehr. Wenn Beziehungen scheitern und du auch noch derjenige bist, der verlassen worden ist, nagt das am Stolz. Deshalb: Wenn sich schon anbahnt, dass eine Beziehung in die Brüche geht, sofort das Gespräch suchen. Eine Liebesgeschichte kann sich ab einem gewissen Punkt nur in zwei Richtungen entwickeln. Vor oder zurück! Vergeude keine Zeit. Und wenn mit dir Schluss gemacht wird, dann sag besser nichts aus der ersten Emotion heraus. Warte zumindest ein paar Minuten mit der Reaktion, bevor alles sickert. Und ganz wichtig: AUFPASSEN, was SIE sagt, da kannst du einiges lernen und mitnehmen. Hör gut zu, denn nun sagt sie genau das, was sie vorher eher im Verborgenen gehalten hat. Wenn sie mit dir Schluss macht, dann sicher nicht aus heiterem Himmel. Der Prozess, der auf das Beziehungsende hinausläuft, fängt viel früher an. Sie hat sich darüber schon Gedanken gemacht. Du kannst das, was sie dir sagt, mitnehmen und nutzen.

Damit sind wir beinahe am Ende des Lernweges angelangt. In der Pick-up-Community spricht man ab diesem Punkt oftmals nur noch vom Einhalten der heiligen drei Cs:

1. Congruence: Übereinstimmung von Innen- und Außenleben
2. Contraception: Verhütung
3. Confidence: Vertrauen in sich und sein Wissen

Menschen haben Freude an der Abwechslung. Treue ist deshalb ein Prinzip, dem der eine oder andere von uns schwer folgen kann. Zur Info: Die Affäre kommt meistens deshalb heraus, weil du es irgendwem erzählt hast. Dein Kumpel sagt es seiner Freundin – natürlich im Vertrauen –, von der geht es zur besten Freundin und so weiter. Eine Affäre liefert Menschen perfekten Gesprächsstoff, es ist geheim, es ist ein Gerücht, es ist Gossip. So etwas wird von jedem gern weitererzählt.

Aber man kann nicht alles haben! Wenn du etwas in eine Beziehung investiert hast und merkst, dass ein Verlust dieses Partners sehr schmerzvoll wäre, dann nimmst du doch gewisse Opfer in Kauf. Du schätzt die Geborgenheit und Sicherheit der Beziehung, und der Wunsch nach neuen Eroberungen wird bei den meisten abgelöst durch den Wunsch nach Stabilität und Vertrauen. Eine monogame Beziehung zu führen ist eine bewusste Entscheidung. Überleg dir, was für dich das ideale Modell ist. Lege dir keine Denkverbote auf.

»Ich muss heiraten! Ich muss zwei Kinder haben! Ich muss ein schönes Haus auf dem Land und einen weißen Gartenzaun haben und einen Golden Retriever, der bellend von einem Ende zum anderen läuft!« Du musst gar nichts, du wählst deinen Lebensweg und auch deine ideale Beziehungsform aus. Offene Beziehungen oder immer wieder wechselnde Affären – beides kann für dich auch das Richtige sein.

Eine Eroberung nach der anderen ist ein super Kick fürs Selbstvertrauen. Aber wenn du nie etwas von dir gibst, dich nie öffnest und etwas riskierst, wirst du am Ende kaum auf der Gewinnerseite stehen. Und wenn dich deine Freunde noch so sehr bewundern für die verführten Frauen und die abservierten Zicken und die heißesten Nächte: Du kannst dir davon nichts kaufen. Irgendwann interessiert das keinen mehr. Nur wenige Aufreißer haben einen unvergesslichen Platz in der Geschichte erobert: Giacomo Casanova fällt mir ein, und der starb einsam. Natürlich kannst du auf der sicheren Seite bleiben, keine Gefühle zulassen und dich immer nur treiben lassen. Aber eines steht fest: Wenn du Glück durch Liebe und Zweisamkeit finden willst, wirst du so sicher niemals erfolgreich.

Und wenn du sicher in einer Beziehung angekommen bist? Dann bleib deinen Prinzipien treu und wirf niemals achtlos deine Freundschaften über Bord. Du liest dieses Buch, probierst das ein oder andere aus, und es klappt! YES! Eine schöne Frau interessiert sich für dich, ihr trefft euch, es entwickelt sich etwas und irgendwann seid ihr ein Paar, das auf Facebook zusammen verliebte Bilder postet. Ja, und dann? Du darfst dich nicht gehen lassen. Lass niemals die Frau dein einziges Hobby werden, nimm dir deine Freiräume, habe eigene Projekte, pflege deine Freundschaften. Ich weiß, manchmal fehlt die Zeit, aber die guten Freunde solltest du niemals im Stich lassen, denn die brauchst du, falls die Frau irgendwann nicht mehr da sein sollte. Der Poker-Abend, das Feiertagsbier, zusammen ein Fußballspiel schauen, das Band-Projekt, der Fantasy-Gaming-Abend ... Was auch immer dir Spaß macht OHNE sie, dafür musst du auch Zeit haben. Es gibt viele Frauen, klassische Nestbauerinnen, die einfach nur glücklich sind, wenn sie mit ihrem Mann zu Hause kuscheln können. Zusammen essen, viel reden, vielleicht einen Film schauen oder einen Spaziergang machen – so sieht der Alltag dann gern mal aus. Und das kann ja harmonisch, schön und perfekt sein. Die freie Zeit mit Freunden ist aber ebenso wichtig. Achte darauf, sonst fehlt im Falle einer Trennung ein riesiger Teil deines Lebens und du brauchst lange, um wieder auf die Beine zu kommen. Außerdem ist die Eigenständigkeit ein wirklich guter Beziehungstipp. Denn wenn jeder für sich ein starkes Leben führt, bleibt auch die gemeinsame Beziehung lebendig und interessant.

Was braucht man noch für eine harmonische Beziehung? Die ersten Gedanken dazu sind ganz allgemein zu halten: Männer und Frauen sind gleichwertig, aber nicht gleich. Es gibt Unterschiede und das ist gut so. Deine Partnerin denkt anders als du. Das musst du wissen, denn anstatt zu erwarten, dass deine Partnerin so denkt und fühlt wie du, solltest du sie in ihrem Anderssein akzeptieren. Das erwartest du ja auch von der Gegenseite. Frauen reden bis zu zwei-, dreimal so viel am Tag wie wir Männer. Wenn ein Schwall von Informationen auf uns einbricht, sind wir oft unfähig, alles aufzunehmen.

Der amerikanische Paartherapeut John Gray hat in seinem weltberühmten Bestseller *Männer sind anders. Frauen auch* sehr genau beschrieben, was es in einer Beziehung braucht: eine Akzeptanz der unterschiedlichen Bedürfnisse von Mann und Frau.

Was gilt es dabei beim weiblichen Geschlecht zu beachten? Frauen ist vor allem wichtig, dass Männer zuhören und versuchen, ihre Gefühle zu verstehen, ohne sofort mit klugen Ratschlägen zu kommen. Nochmal: Mitgefühl statt Lösungen! Frauen wollen, dass wir uns in sie einfühlen und ihren Schmerz oder ihre Freude nachempfinden. Lösungen können sie selber finden. Es geht darum, für sie da zu sein und Unterstützung und Hilfe zu leisten. Außerdem wollen Frauen, dass an der Partnerschaft gearbeitet wird. Das bedeutet auch, dass man sich immer wieder durch Zeichen, Gesten und Worte die gegenseitige Zuneigung bestätigt. Kleine Aufmerksamkeiten stärken das Band zwischen euch und zeigen deiner Liebsten, dass du dir Gedanken machst, sie und eure Beziehung nicht als selbstverständlich betrachtest. Die Falle, in die wir Männer oftmals tappen, ist die der Bequemlichkeit. Doch Frauen wollen stets das Gefühl bekommen, etwas Besonderes zu sein und vorrangig gegenüber anderen behandelt zu werden. Sie ist deine Nummer eins. Und das beweist du ihr – auch im Bett. Ein langes Vorspiel, um sexuelle Erfüllung zu erleben, ist für viele Frauen essenziell. Du gehst auf ihre Wünsche ein und bist ein guter Liebhaber.

Und was wollen wir Männer in einer Partnerschaft? Das weißt du sicher selbst am besten, doch es hilft immer, Dinge klar zu benennen. So ist uns wichtig, dass *sie* nicht dauernd an uns herumnörgelt und versucht, uns zu verändern oder gar zu kontrollieren. Wir sind, wie wir sind, und fühlen uns gut, wenn unsere Stärken und Leistungen geschätzt und uns Lösungen zugetraut werden. Auch benötigen wir unsere Freiheiten und wollen unsere teils verspielten Hobbys ausleben, ohne dafür bewertet zu werden. Das Interesse für Sport, Technik, Videospiele, Autos und andere Männerthemen ist uns heilig, auch um abschalten zu können. »Ich will einfach meine Ruhe haben.« ist ein oft geäußerter Männerwunsch. Gerade bei Stress und Problemen will *man* für sich sein und sich zurückziehen: Mal einfach nur Zeitunglesen oder Fernsehen, ohne dabei mit Fragen belangt zu werden oder gar über Gefühle reden zu müssen – manchmal ist das genau das Richtige für uns. Und natürlich wollen wir bewundert werden und das Gefühl bekommen, dass wir gebraucht werden.[41]

Diese Zeilen stellen keinen Anspruch auf Vollständigkeit, aber so eine direkte Ansprache taugt uns Männern eben! Das können wir gut verstehen …

Sprich in einer Partnerschaft über deine Wünsche. Die oben aufgeführten Punkte wiederholen sich immer und immer wieder, und viele Konflikte entstehen, weil gegenseitig gar nicht klar ist, was der andere gerade will. Wenn man die unterschiedlichen Bedürfnisse von Anfang an kennt, geht vieles einfacher.

In Pick-up-Seminaren würdest du nach dem Theorieteil jetzt direkt auf eine belebte Einkaufsstraße geschickt, um Frauen anzusprechen. Probier's aus! Wenn du es einmal gemacht hast, wirst du dich gut fühlen. Eine Aufgabe in einem der Kurse, an denen ich teilgenommen habe, bestand darin, eine Minute lang auf einem belebten Platz laut über ein völlig beliebiges Thema zu sprechen. Ich hab mich auf die Wiener Mariahilfer Straße auf einen Sockel gestellt und tatsächlich eine gute Minute lang über Fußball geredet. »Ja, Leute, hergehört! Ich will euch etwas über Fußball erzählen. Ja, also Fußball, das ist doch ein schöner Sport … Ich selbst spiel ja auch, und ich hab mir einmal das Kreuzband gerissen. Passiert ist es so …«

Ungefähr so schlimm, wie es sich liest, hat es sich auch angehört. Die Leute sind stehen geblieben, haben komisch geschaut, und es war saupeinlich! Aber ich habe mich anschließend wahnsinnig gut gefühlt. Ich will dir das jetzt nicht unbedingt empfehlen. Aber mitgeben würde ich dir, dass du dir vornimmst, innerhalb der nächsten zwei Wochen mit zumindest zehn Frauen ein Gespräch anzufangen. Und wenn es nur Small Talk ist. Setz dir erreichbare Ziele und lob dich auch selbst, wenn du weiterkommst. Steigere dich immer weiter! Du musst etwas wagen. Ja, es ist so weit! Du bist bereit! Wie, wo, was, wann ist völlig dir überlassen. Beobachte dich selbst! Beobachte deine Entwicklung!

Verteile Komplimente, flirte, knüpfe neue Kontakte, vereinbare Dates über Online-Plattformen ... Was auch immer! Triff neue Leute, geh aus, nimm dir Urlaub, mach etwas! Lächle und freu dich! Glaub an dich, sei aktiv und führe Gespräche, flirte und hol dir Telefonnummern, küss die schönsten Frauen, mach Liebe unterm Sternenhimmel!

Nur die Theorie allein hilft dir nicht weiter – also auf geht's! Du bist bereit, du bist ein Aufreißer. Du schaffst das!

RESÜMEE

Die Fähigkeit, jemanden durch schöne Worte zu beeinflussen und zu unterhalten, hat mich immer schon wahnsinnig fasziniert – vor allem in Bezug auf Frauen. Ausgehend von dieser Faszination habe ich angefangen, an diesem Buchprojekt zu arbeiten. Durch meine Recherchen und zahlreiche Gespräche mit Freunden, Weggefährten, Affären und Freundinnen stieß ich auf ein weiteres Thema. Mir wurde nach und nach bewusst, dass viele Männer in der heutigen Gesellschaft im Umgang mit Frauen verunsichert sind – wenn auch aus gänzlich unterschiedlichen Gründen.

Es gibt die einen, die sehr von Bewunderung abhängen, vom Feedback der anderen, was sie leicht angreifbar macht und unflexibel. Oftmals verstärkt übertriebene Aufmerksamkeit und Zuwendung der Eltern die Entwicklung narzisstischer Verhaltensweisen. Nach Ansicht einiger Experten leidet die Mehrheit der westlichen Welt darunter.[42]

Und es gibt die anderen Männer, die an sich selbst zweifeln und die Frau idealisieren. Sie steht hoch oben auf einem Podest und es wird um ihre Aufmerksamkeit gebettelt. Bitte, bitte schlaf mit mir! Und die Frauen? Sie glauben, die Männer möglichst lang hinhalten zu müssen, um sicherzustellen, dass er sie wirklich will.

Es gibt noch eine dritte Gruppe von Männern, und zwar die, die ignorant sind und ihre Unsicherheit mit schlechten anzüglichen Witzen oder Bemerkungen überspielen. Hier sieht man eine Unfähigkeit am Werk, Situationen richtig einzuschätzen, Grenzen einzuhalten, Respekt zu zeigen. Auch das ist ein Problem, das manche Männer in unserer Gesellschaft haben. Es sollte nicht zu schwer sein, als Mann Grenzen zu wahren und nebenbei ein paar Sensoren auszufahren.

Respektvoller Umgang ist eine Voraussetzung – logisch! Die Herausforderung für die meisten Männer ist eine andere: das Kennenlernen einer Frau, sie von sich zu überzeugen und dabei authentisch zu bleiben.

Du bist absolut frei – gerade wenn du Single bist. Du hast die Wahl! Du hast immer die Wahl, etwas anderes zu machen, dich nicht mehr an diese gesellschaftlich auferlegten Verhaltensregeln zu halten. Du darfst ein Mann sein, du darfst deinen eigenen Weg gehen. Wer anfängt zu reflektieren, der stößt irgendwann auf Methoden der Persönlichkeitsentwicklung. In weiterer Folge macht man sich tiefergehende Gedanken um soziale Dynamiken zwischen Mann und Frau. Wie Alice im Wunderland wirst du plötzlich bemerken, dass so vieles, was du als gegeben und selbstverständlich betrachtet hast, hinterfragt werden kann.

Wirklich gut mit Frauen reden und mit Menschen interagieren kannst du dann, wenn du eine stabile und starke Persönlichkeit hast. Egal, was im Gespräch mit anderen Menschen auf dich zukommt, du weißt, wer du bist. Kritik ist demnach nur eine Möglichkeit, um eine neue Perspektive zu gewinnen. Es kann dir nichts passieren, wenn du versuchst, eine Verbindung mit einer dir vorher unbekannten Frau aufzubauen. Die zehnte Zurückweisung hintereinander tut weh, dann gibt es vielleicht Dinge, die du ändern solltest, Fehler, die du machst. Bemüh dich, arbeite daran, bleib optimistisch. Niemand kann dir garantieren, ob wirklich alles gut ausgeht. Aber wenn du positiv an eine Sache herangehst, erhöhst du deine Erfolgschancen. Das ist am Ende pure Logik. Wie in der Disco: Sei Teil der Party! Denn du für dich selbst kennst deinen Weg. Du machst aus deinem Leben das Beste. Sei kritikfähig und nimm Feedback wahr.

Allein der Gedanke an die Konfrontation mit einer Frau verursacht bei vielen Männern ein Gefühl von Kontrollverlust. Diese Angst wird meistens in Alkohol ertränkt. Weil man mit seinen eigenen Freunden über seine Unsicherheiten nicht offen spricht, entwickelt man sich nicht wirklich weiter und bleibt oft passiv. Einige wollen etwas ändern, fangen irgendwann an, sich mit dem Thema zu beschäftigen und informieren sich ein wenig. Sie stoßen auf die Pick-up-Community, die ihre beste Zeit sicher auch schon hinter sich hat. Statt klassisch in einer Bar Frauen kennenzulernen, ist heutzutage Online-Dating angesagt. Profilbilder werden kurz angeschaut, es wird ein wenig rumgechattet und Affäre folgt auf Affäre. In unserer sich stetig verändernden und schnelllebigen Welt ist es schwer, am Ball zu bleiben, stets positiv zu denken und damit Attraktivität auszustrahlen. Die Lösung: Selbstbewusstsein. Zu wissen, was man will. Sich seiner selbst bewusst sein. Ich bin hier und sie ist hier, und das ist alles, was gerade zählt. Es ist Zeit, neue Dinge zu erleben, neue Kontakte zu knüpfen, den Horizont zu erweitern, zu lesen, zu reisen oder für Beruf oder Studium ins Ausland zu gehen. Geh Veränderungen an, wenn sie erforderlich sind. Das ist es, worauf es ankommt.

Wenn du im Ausland herumreist, mit dem Rucksack durch Asien, mit dem Zug durch Europa, dann bemerkst du, dass in diesen Tagen in der Fremde alles irgendwie aufregend und toll ist. Im Ausland bist du in einer speziellen Situation, in einem *state of mind*, der neugierig alles aufsaugt und zuerst einmal begeistert ist. Und wenn du heimkommst, versprühst du selbst noch ein wenig diesen Hauch des Neuen und Aufregenden. Der Typ, der für ein Jahr im Ausland war, hat welche Wirkung auf andere, wenn er zurückkommt? Er wirkt sehr oft beeindruckend, gewachsen, gereift. Du kannst so viel erzählen, du hast einiges erlebt, du hast neue Erfahrungen gemacht, ganz neue Leute kennengelernt – und das ist sooo sexy! Die Menschen, die dich gut kennen, sagen nach so einer Erfahrung: »Wow, hast du dich aber verändert!« Diese Einstellung – so viel wie möglich aufzunehmen und offen auf Neues zuzugehen – gilt es in das alltägliche Leben zu übertragen. Das ist der Schlüssel zum Glücklichsein und damit auch für das Herz vieler Frauen.

Nimm dich selbst nicht zu ernst! Lach über dich und akzeptiere dich! Nutze dein Potenzial und werde zur besten Version deiner selbst! Du musst aus allem das Beste machen – aus dem, was das Leben dir gibt. *Carpe diem* – nutze den Tag und lass dich nicht unterkriegen! Deine Ausstrahlung wirkt auf andere. Dein Wesen wirkt auf andere. Für Frauen ist nichts attraktiver als ein ausgeglichener Mann, der offen, neugierig und mit sich selbst im Reinen ist, der Prinzipien und eine fundierte Meinung hat.

Am Ende zählt die Liebe: *Spread the love*! Es geht darum, zusammen eine gute Zeit zu verbringen und schöne Erinnerungen zu kreieren. Verbreite ein gutes Gefühl, eine positive Lebenseinstellung, und du wirst eine Anziehung auf Frauen haben, ohne irgendwelche Sprüche auswendig lernen zu müssen.

Wie erobert man Frauen? Bleib cool, stell Fragen und sei ein bisschen ein Arschloch! Es steckt ein bisschen mehr dahinter, aber das weißt du ja bereits ...

Pick-up zu lernen und ein Aufreißer zu werden, ist ein Weg, den du einschlagen kannst, um deine Ziele zu erreichen. Ängste zu überwinden und alte Denkmuster zu durchbrechen, ist ein guter Anfang. Deine eigentliche Frage ist aber doch: Wie werde ich glücklich? Die

Antwort darauf findest du nicht in gelerntem Verhalten, auswendig heruntergeplapperten Phrasen oder der Nachahmung deiner Vorbilder. Die Antwort liegt in dir.

DANKSAGUNG

Vielen Dank an Andreas Brennecke, Mauricio Duda, Gabriel Tichlmann, Wolfgang Fürweger, Albert C. Eibl, Carolin Saal, Michael Pinz und Maximilian Eberhard.

Ich bedanke mich bei allen Casanovas und Aufreißern, bei Maximilian Pütz, der einer der ersten deutschsprachigen Vorreiter war, bei Neil Strauss und der gesamten Pick-up-Community. Vor allem gilt mein Dank den Damen, deren Bekanntschaft ich machen durfte. Ihr habt dieses Buch ermöglicht.

ÜBER DEN AUTOR

Paul Biegl, Jahrgang 1986, arbeitet als Sportjournalist, Moderator und Autor. Er studierte Publizistik und Kommunikationswissenschaften in Wien und absolvierte Auslandsaufenthalte in Zürich und Bologna. Biegl beschäftigt sich vor allem mit Kommunikationsthemen unserer Zeit. *So eroberst du die Frauen* ist sein zweites Buch.

QUELLENVERZEICHNIS

Bardwick, Judith M. (1995). Danger in the Comfort Zone: From Boardroom to Mailroom – how to Break the Entitlement Habit That's Killing American Business. AMACOM Div American Mgmt Assn.

Baron-Cohen, S. (2003). The essential difference: Men, women and the extreme male brain. London: Allen Lane.

Brandstätter, H. (2008): Hör. Mir. Zu. Drei Schritte ins Jahrtausend der Kommunikation. Salzburg: Ecowin Verlag GmbH.

Cialdini, Robert B. (2007): Die Psychologie des Überzeugens. Ein Lehrbuch für alle, die ihren Mitmenschen und sich selbst auf die Schliche kommen wollen. Bern: Hans Huber Verlag.

Cunningham, M. R. (1986). Measuring the physical in physical attractiveness: Quasi-experiments on the sociobiology of female facial beauty. *Journal of Personality and Social Psychology, 50*(5), 925-935.

Ekman, P./Friesen, W. V. (1975): Unmasking the face. Prentice Hall, Upper Saddle River.

Ekman, P./Friesen W. V. (1978): The repertoire of nonverbal behaviour. Categories, origins, usage and coding. Semiotica 1 1969.

Friedrichs J./Schwinges U. (2016): Das journalistische Interview (4. Auflage). Wiesbaden: VS Verlag.

Gansterer, H. A. (2010): Der neue Mann von Welt. Ein Handbuch für Geist und Geschmack. München: Piper Verlag.

Gray, J. (1998): Männer sind anders. Frauen auch: Männer sind vom Mars. Frauen von der Venus. München: Goldmann Verlag.

Greene, R. (2004): Die 24 Gesetze der Verführung. München: Deutscher Taschenbuch Verlag.

Havener, T. (2009): Ich weiß, was du denkst. Das Geheimnis, Gedanken zu lesen. Reinbeck bei Hamburg: Rowohlt Taschenbuch Verlag.

Hunt, J. F. (2004): Der Männer-Lifestyle-Guide. Basiswissen für alle Lebenslagen. Wilhelm Goldmann Verlag.

Kimura, D. (1994): Weibliches und männliches Gehirn. In: Singer (Hrsg.) (1994), S. 78–87.

King, S. K. (1983): Mastering Your Hidden Self. Wheaton, Ill.: Theosophical Publishing House.

Koeppler, K. (2000): Strategien erfolgreicher Kommunikation. München, Wien: Oldenbourg.

Kuhn, O. (2007): Alles was ein Mann wissen muss. Vademecum für alle Lebenslagen. München: Knaur Taschenbuch Verlag.

Maaz, H.-J. (2018): Kinder werden regelrecht dressiert, Interview mit Franziska Dzugan. In: Profil. Nr 8, 49 Jg (2018), S. 53.

Maurer, M./Reinemann, C. (2003): Schröder gegen Stoiber. Nutzung, Wahrnehmung und Wirkung der TV-Duelle. Wiesbaden: Westdeutscher Verlag.

Maurer, M./Reinemann, C./Maier, J./Maier, M. (2007): Schröder gegen Merkel. Wahrnehmung und Wirkung des TV-Duells 2005 im Ost-West-Vergleich. Wiesbaden: VS Verlag.

McCroskey, J. C. (1969): A summary of experimental research on the effects of evidence in persuasive communication. In: Quarterly Journal of Speech, 55, S. 169–176.

Mohl, A. (2006): Der Zauberlehrling. Das NLP Lern- und Übungsbuch. Paderborn: Junfermannsche Verlagsbuchhandlung, 9. Auflage.

Nagel, F. (2012): Die Wirkung verbaler und nonverbaler Kommunikation in TV- Duellen. VS Verlag.

Pütz, M./Hoffmann, A. (2011): Der perfekte Eroberer. Wie Sie garantiert jede Frau verführen. Heyne Verlag.

Reynolds, R. A./Reynolds, J. L. (2002): Evidence. In: Dillard, J./Pfau, M. (Hrsg.). The Persuasion Handbook. Thousand Oaks, CA: Sage Publications, S. 427–445.

Rubner, J. (1996): Was Frauen und Männer so im Kopf haben. München: DTV.

Schenk, M. (2002): Medienwirkungsforschung. Tübingen: J.C.B. Mohr.

Singer, W. (Hrsg.) (1994): Gehirn und Bewusstsein. Heidelberg: Suhrkamp.

Sokhi, D. S./Hunter, M. D./Wilkinson, I. D./Woodruff, P. W. (2005): Male and female voices activate distinct regions in the male brain. Neuroimage. 2005 Sep; 27(3): 572–8.

Stiff, J. B. (1994): Persuasive Communication. New York: The Guilford Press.

Strauss, N. (2005): The Game. Penetrating the secret society of pickup artists. New York: HarperCollinsPublishers. (Dt. Ausgabe: Die perfekte Masche. Bekenntnisse eines Aufreißers. Berlin: Ullstein Verlag.)

Tannen, D. (1990): You just don't understand. Women and Men in Conversations, New York (dt. 1993). Du kannst mich nicht verstehen. Warum Männer und Frauen aneinander vorbeireden. München: Goldmann.

Wood W./Rhodes, N./Biek, M. (1995): Working knowledge and attitude strength: An information processing analysis. In: Petty, R./Krosnick, J. (Hrsg.). Attitude strength: Antecedents and consequences. Hillsdale, New York: Lawrence Erlbaum, S. 283–313.

7.2.2018: https://www.partnerschaft-beziehung.de/Beziehungsprobleme.html

11.10.2018: http://www.miss.at/der-cube-test-sagt-dir-alles-ueber-deine-persoenlichkeit/

14.10.2018: https://www.watson.ch/schweiz/digital/119182915-ein-tinder-casanova-packt-aus-clever-genutzt-ist-die-app-die-reinste-bumsboerse

14.10.2018: http://www.36-fragen.com/

3.12.2018: https://www.instyle.de/lifestyle/lrotwein-steigert-lust-auf-sex

3.12.2018: https://www.yourtango.com/2016285828/women-find-80-percent-men-unattractive-says-crazy-study

16.1.2019: https://www.businessinsider.de/22-kleidungsstuecke-die-jeder-mann-haben-sollte-bevor-er-30-wird-2017-1?op=1

ANMERKUNGEN

1 YouTube: X-JAM 2013 Video Blog, Week 1, Part 4: https://www.youtube.com/watch?v=GmLG7p2wjsQ

2 Informationen inspiriert aus Pick-up-Seminar und Blog-Einträgen von Maximilian Pütz

3 Vgl. Cialdini 2007: 52

4 Vgl. Schenk 2002: 253

5 Vgl. Schenk 2002: 253f

6 Vgl. Koeppler 2000: 344

7 Vgl. Stiff 1994: 228

8 Vgl. Stiff 1994: 162

9 Brandstätter 2008: 75

10 Siehe Kapitel zur »Tinder-Taktik«, Seite 159.

11 Die genaue Terminologie findet der interessierte Leser leicht im Internet (z. B.: puamore.com). »Sargen« bedeutet so viel wie weggehen, ausgehen, seine Techniken in der Praxis ausprobieren. Der »approach« steht für eine Anmache, ein »HB« ist ein Hot Babe und bezeichnet attraktive Frauen, die bei einem Referenzsystem von 1–10 mit einer Ziffer bewertet werden. Der »field report« wird in Foren und Blogs verfasst und berichtet von den Erfahrungen, die man beim Aufreißen einer Frau im »field«, also z. B. in der Disco gemacht hat.

12 Vgl. Kuhn 2007: 201

13 Kuhn 2007: 202

14 Vgl. Baron-Cohen 2003

15 Vgl. Sokhi u. a. 2005

16 Diese Unsicherheit wird noch eingehend im folgenden Kapitel zur Persönlichkeit behandelt, siehe Seite 88.

17 Wie das erste Kennenlernen am besten klappt, wird im Flirt-Kapitel ab Seite 127 noch ausführlich behandelt.

18 Strauss 2005: 78

19 Gib in die YouTube-Suche einfach »FlowFinder« oder »Christian Bischoff« ein.

20 Vgl. Bardwick/Judith 1995

21 Informationen inspiriert aus Pick-up-Seminar und Blog-Einträgen von Maximilian Pütz

22 Vgl. Cunningham 1986

23 https://www.businessinsider.de/22-kleidungsstuecke-die-jeder-mann-haben-sollte-bevor-er-30-wird-2017-1?op=1

24 Informationen inspiriert aus Pick-up-Seminar und Blog-Einträgen von Maximilian Pütz

25 Vgl. Ekman/Friesen 1975

26 Vgl. Friedrichs/Schwinges 2016; Rubner 1996

27 Viele weitere Tipps wie diesen findest du zum Beispiel im YouTube-Channel von RSDMax.

28 Vgl. Kuhn 2007: 205

29 https://www.watson.ch/schweiz/digital/119182915-ein-tinder-casanova-packt-aus-clever-genutzt-ist-die-app-die-reinste-bumsboerse – Der Link führt zu einem Interview mit einem »Tinder-Casanova«, der anonym auspackt.

30 http://www.36-fragen.com/

31 Havener 2009: 146

32 Havener 2009: 147

33 https://www.instyle.de/lifestyle/lrotwein-steigert-lust-auf-sex

34 Strauss 2005: 366

35 http://www.miss.at/der-cube-test-sagt-dir-alles-ueber-deine-persoenlichkeit/

36 Vgl. Strauss 2005: 315

37 Vgl. Kuhn 2007: 211

38 Informationen inspiriert aus Pick-up-Seminar und Blog-Einträgen von Maximilian Pütz

39 https://www.yourtango.com/2016285828/women-find-80-percent-men-unattractive-says-crazy-study

40 Vgl. Strauss 2005: 271

41 https://www.partnerschaft-beziehung.de/Beziehungsprobleme.html

42 Vgl. Maaz 2018

ISBN 978-3-86883-931-9